「言志四録」心の名言集

佐藤一斎◉著
久須本文雄◉訳
細川景一◉編

講談社

「言志四録」心の名言集

装丁　熊谷博人

編者しるす

昭和六十二年、本書訳著者久須本文雄《くすもとぶんゆう》師によって、講談社より江戸後期の碩儒《せきじゅ》・佐《さ》藤一斎《とういっさい》の『言志四録』の全訳注が発刊されました。これは一千百三十三条の大部な漢文体随筆集であります。

この書の訳注者久須本師は、三重県菰野《こもの》の臨済宗妙心寺派寺院、禅林寺《ぜんりんじ》に生れ、京都の花園大学、九州大学中国哲学科を卒業。円福寺《えんぷくじ》専門道場にて神月徹宗《こうづきてつしゅう》老師の下で禅道修行の後、諸大学で教鞭をとりながら禅林寺住職に就任しました。師は禅学と中国哲学双修の碩学であり、殊に実践哲学を説く陽明学に造詣が深く、この点から見ても一斎の訳注解説者として最も人を得たと言うべきでしょう。

佐藤一斎の学風は儒官としての立場上朱子学陽明学併取主義ですが、中江藤樹《とうじゅ》、中井竹山の影響の下、陽明学を重んじていた為、陽朱陰王之徒と評されていました。その思想は門人佐久間象山《しょうざん》から吉田松陰《しょういん》らへと受け継がれ、明治維新の思想的原動力となりました。

西郷隆盛は『言志四録』の中から百一条を抄出して金科玉条とし、常に座右の銘とし心の糧《かて》としていた程であります。

一斎が学界の頂点に在って、将軍家斉はじめ諸大名に国策を講説し、横井小楠《しょうなん》、中村敬宇《けいう》、渡辺崋山《かざん》、川路聖謨《かわじとしあきら》ら三千人の門弟に講義をしていた寛政・文化・文政年間は思想統制、緊縮財政、貨幣悪鋳等、幕府による矢継ぎ早の弥縫策《びほうさく》的改革が行われ、庶民の間には時代の逼塞感が蔓延。同時に江戸文化は爛熟《らんじゅく》から頽廃《たいはい》に傾き、徳川幕府の権威は次第に失墜しつつありました。

ロシア船は下田へ、黒船は浦賀に来航して開国を迫り、国内の財政は破綻して世情は騒然、夜も寝られぬ不安が社会を覆い、明治維新は目前に近づいていました。

昨今の日本を顧みますと、地域共同体は解体し、社会の枠組みや生活習慣も激変しつつあります。あたかも旧来の倫理観や価値観が溶解したかの如《ごと》く、見聞きする度に悍《おぞ》ましくも辛《つら》い事件が相次いで発生し、将来の見通しの立たない中でリスク不安のみが増大しており、時代はまさに維新前夜と酷似しております。

この度、この名著から禅的考え方を参考にして三百三条を抄出し、原文の書き下し文と通釈のみを収載して『「言志四録」心の名言集』として世に送る運びとなりました。霧海の水先案内として、あるいは闇夜の灯火として読者諸賢の座右に置いて頂ければ幸甚です。

私事に渉って恐縮ですが、小衲が本書の編集に関わる機縁は久須本文雄師は同じ妙心寺派の僧侶であり、又、家内の伯父に当たる事に依り二男久須本典熙《のりひろ》氏の依頼により未熟者乍ら協力させて頂きました。

最後に本書の発刊に御尽力頂いた講談社出版研究所仁科幸雄氏に深甚なる謝意を表します。

二〇〇四年八月

細川景一

「言志四録」心の名言集　目次

第Ⅲ章 心を見つめる

第Ⅴ章　心を知る

佐藤一斎と『言志四録』

第Ⅰ章　心を養う

一　発憤は大成の基《もと》

❖憤《ふん》の一字は、是《こ》れ進学の機関なり。舜何人《しゅんなんぴと》ぞや、予《われ》何人ぞやとは、方《まさ》に是れ憤なり。

（言志録五）

発憤するという意味の憤の一字は、人が学問に進んでいくための最も必要な道具ともいえる。かの顔回《がんかい》が「舜も自分も同じ人間で、大志をいだいて励むならば、舜の如《ごと》き人物になれるぞ」といったことは、まさしく憤ということである。

二　妄想を断ち切る

❖間思雑慮《かんしざつりょ》の紛紛擾擾《ふんぷんじょうじょう》たるは、外物之《がいぶつこれ》を溷《みだ》すに由《よ》るなり。常に志気をして剣《つるぎ》の如《ごと》くにして、一切の外誘を駆除し、敢《あえ》て肚裏《とり》に襲近《しゅうきん》せざらしめば、自《おのずか》ら浄潔快豁《じょうけつかいかつ》なるを覚えん。

（言志録一二）

心の中に種々雑多な考えが、乱れ起こるのは、外界の事物が心を乱し濁《にご》らす（溷）からである。それで、平素つねに精神を剣の如く鋭利にして、一切の外界の誘惑を取り除き、決して自分の心の中に寄せつけないようにしたならば、自然ときれいさっぱりした気持になることに気が付くであろう。

三　目的の確立

❖緊《きび》しく此《こ》の志を立てて以《もっ》て之《これ》を求めば、薪《たきぎ》を搬《はこ》び水を運ぶと雖《いえど》も、亦《また》是れ学の在《あ》る所なり。況《いわん》や書を読み理を窮《きわ》むるをや。志の立たざれば、終日読書に従事するも、亦唯《た》だ是れ閑事のみ。故《ゆえ》に学を為《な》すは志を立つるより尚《とうと》きは莫《な》し。

（言志録三二）

しっかりと志（目的）を確立して、どこまでも追求する時は、たとえ薪や水を運んだりする日常平凡な事でも、学ぶべきものが存在するのである。まして読書したり物事の道理を推《お》し窮めることなどにおいては、なおさらのことである。しかし、志が確立されていなければ、一日中読書していても、それはただ無駄ごとに過ぎない。それ故に、学問をするには、まず第一に志を確立するより大切なことはない。

四　活きた学問

❖草木を培植《ばいしょく》して、以《もっ》て元気機緘《きかん》の妙を観《み》る。何事か学に非《あら》ざらん。

（言志録五七）

草木を養いそだてて、その生生発育する微妙な気の変化（機緘）をよく観察すると、どんな事でも学び得《う》る処《ところ》があるものだ。

五　艱難《かんなん》汝《なんじ》を玉にす

❖凡《およ》そ遭《あ》う所の患難変故《かんなんへんこ》、屈辱讒謗《くつじょくざんぼう》、払逆《ふつぎゃく》の事は、皆天の吾《わ》が才を老せしむる所以《ゆえん》にして、砥礪切磋《しれいせつさ》の地に非《あら》ざるは莫《な》し。君子《くんし》は当《まさ》に之《これ》に処する所以を慮《おもんぱか》るべし。徒《いたず》らに之を免《まぬが》れんと欲《ほっ》するは不可なり。

（言志録五九）

総《すべ》て、人が出遇《であ》う所の、憂《うれ》い悩み、変わったでき事（変故）、恥を受けること、そしられること、心に逆らって思い通りにならないこと（払逆）、これらは皆、天が自分の才能を老熟大成させようとするものであるから、いずれも自己の学徳をとぎ磨《みが》く（砥礪切磋）素地《そじ》でないものはない。故《ゆえ》に、道に志す人は、かかる境遇に出遇ったならば、いかに処置すべきかをよく考えるべきであって、徒らにこれから逃避しようとすることはよくないことである。

六　人の長所を引き出せ

❖凡《およ》そ人と語るには、須《すべか》らく渠《かれ》をして其《そ》の長《ちょう》ずる所を説《と》かしむべし。我れに於《お》いて益《えき》有り。（言志録六二）

だいたい、人と話をする場合には、相手をしてその長所を話させるべきである。そうすれば、自分にとって益するところがある。

七　眼を高く着けよ

❖著眼《ちゃくがん》高ければ、則《すなわ》ち理を見て岐《き》せず。（言志録八八）

目の着け所をなるだけ高い所に置くならば、よく道理が確認されて、迷うようなことはない。

八　性同じく質異なる

❖性は同じくして質は異なる。質の異なるは、教《おしえ》の由《よ》って設《もう》くる所なり。性の同じきは、教の由って立つ所なり。

（言志録九九）

人間の本性は万人同一で、気質が異なっている。気質が異なるから、教育が必要となるわけである。本性が同じであるから、教育の成果をあげ得《う》るわけである。

九　他人に頼るな

❖士は当《まさ》に己《おのれ》に在《あ》る者を恃《たの》むべし。動天驚地《どうてんきょうち》極大の事業も、亦都《すべ》て一己《いっこ》より締造《ていぞう》す。

（言志録一一九）

立派な男子たる者は、自分にある所のものをたのむべきであって、他人にたよることがあってはいけない。天地を動かし驚かすような大事業でも、総《すべ》て自分からして造り出される（締造）ものである。

一〇　間口型と奥行型の人

❖博聞強記《はくぶんきょうき》は聡明《そうめい》の横《おう》なり。精義入神《せいぎにゅうしん》は聡明の竪《じゅ》なり。

（言志録一四四）

何事でも博《ひろ》く見聞して、よく記憶するということは、賢明ということの間口（横）にあたる。精《くわ》しく道理を究《きわ》めて、霊妙な奥義《おうぎ》に入るということは、賢明ということの奥行（竪）にあたる。

一一　慎独と誠

❖畜《ちく》厚くして発すること遠し。誠《まこと》の物を動かすは、慎独《しんどく》より始まる。独処能《どくしょよ》く慎《つつし》めば、物に接する時に於《お》いて、太《はなは》だ意を著《つ》けずと雖《いえど》も、而《しか》も人自《おのずか》ら容《かたち》を改め敬を起さん。独処慎む能《あた》わざれば、物に接する時に於いて、意を著けて恪謹《かっきん》すと雖も、而るに人も亦敢《あえ》て容を改め敬を起さず。誠の畜不畜、其の感応の速《すみ》やかなること已《すで》に此《かく》の如し。

（言志録一五二）

蓄積が多ければ、遠方までもそれが現れるものである。誠が物を動かすのは、独りで慎んでいくことから始まるのである。独りでよく慎んでいけば、事に応じ物に接する時に、ことさら注意しなくとも、人は自然と姿や形を正しくして敬意を表すものである。独りで慎むことをしなければ、応事接物の時に、注意して謹《つつし》んでも、人は決して姿を正《ただ》して尊敬の念を表さない。誠が蓄《たくわ》えられているかいないかによって、その感応の速やかであることは、このようなものなのである。

一二　敬は天の心

❖己《おのれ》を修むるに敬を以《もっ》てして、以て人を安《やす》んじ、以て百姓《ひゃくせい》を安んず。壱《いっ》に是《こ》れ天心の流注《りゅうちゅう》なり。

（言志録一五八）

自分を修養していくのに、敬の心をもってするならば、人々を安んじていくことができ、さらに広く天下の人民を安んじていくことができる。敬は、まったく天の心が流れ注いだものである。

一三　色欲を抑える

（言志録一六四）

❖少壮の人、精固《せいかた》く閉《と》ざして少しも漏《も》らさざるも亦《また》不可なり。神滞《しんとどこお》りて暢《の》びず。度を過ぐれば則《すなわ》ち又自《おのずか》ら戕《そこな》う。故《ゆえ》に節を得るを之《こ》れ難《かた》しと為《な》す。飲食の度を過ぐる、人も亦或《ある》いは之を規《ただ》す。淫欲《いんよく》の度を過ぐる、人の伺《うかが》わざる所、且《かか》つ言い難《がた》し。自ら規するに非《あら》ずして誰か規せん。

若くて元気盛んな人が、精（精力）を極端に抑制して少しも外に発散しないのも良くないことである。精神が滞ってしまって順調にのびのびとしない。度を過ごしたならば体を害する（戕）ことになる。それで、節度を得るということは難しいことである。暴飲暴食して度を過ごしたのは、誰でも正《ただ》し戒めることができるが、性欲の度を過ごしたのは、人の存知《ぞんち》しないところであり、なお口に出しては言いにくいことである。自分で規制していかなければ、誰がこれを規制することができよう。

一四　口を慎む

❖人は最も当《まさ》に口を慎むべし。口の職《しょく》は二用を兼《か》ぬ。言語を出《いだ》し、飲食を納《い》るる是《これ》なり。言語を慎まざれば、以《もっ》て禍《か》を速《まね》くに足《た》り、飲食を慎まざれば、以て病《やまい》を致《いた》すに足る。諺《ことわざ》に云《い》う、禍は口より出《い》で、病は口より入《い》る。

（言志録一八九）

人は特に口を慎まなければならない。口の機能は二つを兼ねている。一つは言葉を出すことであり、もう一つは飲食物を入れることである。人が言葉を慎まないと、禍《わざわい》を招くことがあり、飲食を慎まないと、病気になることがある。諺に「禍は口より出て、病は口より入る」とあるのは、これを言ったのである。

一五　人を服従さすには

❖理到《いた》るの言《げん》は、人服せざるを得ず。然《しか》も其の言、激する所有れば則《すなわ》ち服せず。強《し》うる所有れば則ち服せず。挟《さしはさ》む所有れば則ち服せず。便《べん》する所有れば則ち服せず。凡《およ》そ理到って人服せざれば、君子《くんし》は必ず自《みずか》ら反《かえ》りみる。我れ先《ま》ず服して、而《しか》

（言志録一九二）

る後に人之《これ》に服す。

道理のよく行きとどいた言葉には、どんな人でも服従しないわけにはいかない。しかしながら、その言葉に怒気のある激しいところがあると、聴く人は服従をしない。強制するところがあると人は服従しない。鼻にかけ威張る（挟む）ところがあると人は服従しない。自分の便利をはかろうとするところがあると人は服従しない。およそ道理が十分ゆきとどいていても、人が服従しない場合には、君子たる者はよく自分自身を反省してみる。まず自分が自分の行為に満足して心から服従することができて、しかる後に、人が服従してくれるものである。

（言志録二一八）

一六　忍の字

❖心上《しんじょう》に刃《やいば》有るは忍なり。忍の字は好字面《こうじめん》に非《あら》ず。但《た》だ借りて喫緊寧耐《きつきんねいたい》と做《な》すは可なり。要するに亦《また》道の至れる者に非ず。

心という字の上に刃という字を冠《かむ》らせたのが忍という字であるが、この忍という字は、表面上あまり良くない字である。ただこの忍の字を借りて、大切な時に耐《た》え忍ぶ（喫緊寧耐）

という意味にとって、その手段とすることはよい。つまり忍というのは、道の至極《しごく》なものではないのである。

一七　本性に復《かえ》る

❖惻隠《そくいん》の心偏《へん》すれば、民或《ある》いは愛に溺《おぼ》れて身を殞《おと》す者有り。羞悪《しゅうお》の心偏すれば、民或いは自ら溝瀆《こうとく》に経《くび》るる者有り。辞譲《じじょう》の心偏すれば、民或いは奔亡《ほんぼう》して風狂《ふうきょう》する者有り。是非《ぜひ》の心偏すれば、民或いは兄弟牆《けいていかき》に鬩《せめ》ぎ、父子相訟《あいうった》うる者有り。凡《およ》そ情の偏するは、四端《たん》と雖《いえど》も、遂に不善に陥る。故に学んで以て中和《ちゅうわ》を致し、過《か》不及《ふきゅう》無きに帰《き》す。之《これ》を復性の学と謂《い》う。

（言志録二二五）

あわれみ痛む惻隠の心が、一方にかたよると、民衆の中には愛情に溺れて身を亡ぼす者があるであろう。己《おのれ》の不善を恥じ、人の不善を憎む羞悪の心が、一方にかたよると、民衆の中には溝《みぞ》の中で首をくくって（経）死ぬ者があるであろう。辞退して人に譲る辞譲の心が、一方にかたよると、民衆の中には逃げ走って狂人のような者がでるであろう。正邪善悪を判別する是非の心が、一方にかたよると、民衆の中には、兄弟喧嘩（兄弟牆に鬩ぐ）をしたり、または親子が互いに訴訟をするような者があるであろう。このように感情が一方にかたよると、孟子《もうし》のいう、すなわち仁義礼智の四徳（注）の萌芽《ほうが》までが、おかしなことになってしまうのである。それ故に、学問をして、性情を中正にし、過不及の無いようにする。これが宋儒のいう復性（本性に復帰する）の学というものである。

注　『孟子』公孫丑《こうそんちゅう》上篇に「惻隠の心は仁の端なり、羞悪の心は義の端なり。辞譲の心は礼の端なり。是非の心は智の端なり。人の是《こ》の四端有るは、猶《なお》其の四体有るがごときなり」とある。四端とは四徳のめばえ（萌芽）。

一八　知行合一

❖心の官は則《すなわ》ち思《おも》うなり。思の字は只《た》だ是《こ》れ工夫の字のみ。思えば則ち愈《いよ》いよ精明に、愈いよ篤実《とくじつ》なり。其の篤実なるよりして之《これ》を行《こう》と謂《い》い、其の精明なるよりして之を知《ち》と謂《い》う。知行《ちこう》は一の思の字に帰す。

（言志後録二八）

心の役目というものは思うということである。思うということは、ただ工夫するということである。心の中で色々と深く考えると、ますます精《くわ》しく明らかになり、ますますまじめに取り組むようになる。そのまじめに対処する点からして、これを「行《こう》」といい、その精密にして明確な点からしてこれを「知《ち》」という。知も行も共に思の一字に帰着することになる。

一九　心は伸びやかに

❖申申夭夭《しんしんようよう》の気象は、収斂《しゅうれん》の熟する時、自《おのずか》ら能《よ》く是《かく》の如《ごと》きか。

（言志後録二二）

のびのびして、にこやかな（申申夭夭）気分は、精神の修養が十分に習熟した時にこそ、自然にそのようになれるものだろうか。

二〇　自然のままに

❖養生の道は、只《た》だ自然に従うを得《え》たりと為《な》す。養生に意有れば、則《すなわ》ち養生を得ず。之《これ》を蘭花《らんか》の香《か》に譬《たと》う。嗅《か》げば則ち来《きた》らず、嗅がざれば則ち来る。

（言志後録四二）

心身を養い長寿を全《まっと》うする方法は、ただ自然のままに任せておくのが得策である。もしも養生をしようとする意志がはたらくと、かえって養生にはならない。これを譬えていえば、蘭の花の香りのように、香りを嗅ごうとすると匂《にお》って来ないし、嗅ごうとしないと自然に匂ってくるようなものである。

二一　充実と向上をはかれ

❖志気は鋭《えい》ならんことを欲《ほっ》し、操履《そうり》は端《たん》ならんことを欲し、品望《ひんぼう》は高《こう》ならんことを欲し、識量は豁《かつ》ならんことを欲し、造詣《ぞうけい》は深《しん》ならんことを欲し、見解は実《じつ》ならんことを欲す。

（言志後録五五）

気概（いきごみ）は鋭くありたい。行い（操履）は正しくありたい。品位や人望は高くありたい。見識や度量は広く大きくありたい。学問や技芸を究《きわ》めることは深くありたい。物に対する意見・見方は真実でありたい。

二二　自然に親しむのも心の修養

❖終年都城内に奔走《ほんそう》すれば、自《おのずか》ら天地の大なるを知らず。時に川海《せんかい》に泛《うか》ぶ可《べ》く、

（言志後録六八）

時に邱岳《きゅうがく》に登る可く、時に蒼莽《そうぼう》の野《の》に行く可し。此《これ》も亦心学《またしんがく》なり。

一年中、都会の中で、あちらこちらを忙しく走りまわっていたのでは、自然と天地の広大なることに気が付かない。それで、時には川や海に出かけて舟を浮かべ清遊《せいゆう》を試みたり、時には山岳に登って英気（すぐれた気性）を養ったり、時には青々《あおあお》として果てしのない（蒼莽）野に出て気分をかえたりするがよい。これもまた心を修養するところの学問といえる。

（言志後録六七）

二三　春秋の景観を楽しめ

❖城市紛鬧《ふんどう》の衢《ちまた》に跼蹐《きょくせき》すれば、春秋の偉観を知らず。田園間曠《かんこう》の地に逍遥《しょうよう》すれば、実に化工《かこう》の窮《きわま》り無きを見る。

都会のごたごたした騒がしい（紛鬧）所でこせこせ（跼蹐）していたのでは、春夏秋冬の偉大な自然の眺めは分からない。田園の静かな広々とした（間曠）所を散歩してこそ、実に造化《ぞうか》のたくみの無限であるのが見られる。

二四　世渡りは旅に似る

❖人の世を渉《わた》るは行旅《こうりよ》の如《ごと》く然《しか》り。途《と》に険夷《けんい》有り、日に晴雨《せいう》有りて、畢竟《ひっきょう》避くるを得《え》ず。只《た》だ宜《よろ》しく処《ところ》に随《したが》い時に随い相緩急《かんきゅう》すべし。速《すみ》やかならんことを欲《ほっ》して以て災《わざわい》を取ること勿《なか》れ。猶予《ゆうよ》して以て期に後《おく》るること勿れ。是《こ》れ旅に処するの道にして、即《すなわ》ち世を渉《わた》るの道なり。

（言志後録七〇）

人が世渡りすることは、あたかも旅行をするようなものである。旅行の道中には、険阻《けんそ》な所もあれば平坦な所もあり、また日によっては、晴天もあれば雨天もある。結局、これらは避けることができない。旅行者は、ただ険易《けんい》な所、晴雨の時に従って、旅程をゆっくりしたり、急いだりするがよい。あまり急ぎ過ぎて災害を受けてはいけない。また、あまりぐずぐずして予定の期日に後《おく》れるような事があってはいけない。これが旅をする仕方であり、また世渡りの道でもある。

二五　妄想を取り去れ

❖性の動くを情と為《な》す。畢竟《ひつきよう》断滅す可《べ》からず。唯《た》だ発して節《せつ》に中《あた》れば、則《すなわ》ち性の作用を為すのみ。然《しか》るに自性《じしよう》を錮閉《こへい》する者を習気《しゆうき》と為す。而して情の発するや、毎《つね》に習気を夾《はさ》みて黏著《ねんちやく》する所有り、是《こ》れ錮閉なり。故に習気は除かざる可から ず。工夫機筈《きかつ》は、一念発動の上に在《あ》り。就即《すなわ》ち自性を反観《はんかん》し、未発《みはつ》の時の景象を覓《もと》め、以て之《これ》を挽回すれば、則ち情の感ずる所、純《もつぱ》ら性を以て動き、節に中らざる無きなり。然れども工夫甚《はなは》だ難《かた》く、習気に圧倒せられざる者少なし。故に常常《つねづね》之《これ》を未《いま》だ感ぜざるの時に戒慎《かいしん》し、猶《なお》失う所有れば、則ち又必ず之《これ》を纔《わず》かに感ずるの際に挽回す。工夫は此《こ》の外《ほか》に無きのみ。

（言志後録八二）

本性の発し現れたのが情であって、性と情は相関関係にあるから、結局のところ、この情を断ち切って無くすることはできない。ただ発動して、それが節（よいころあい。ほどよい所）に合《がつ》すれば本性の作用をなすのである。しかるに本性の作用を固く閉ざして（錮閉）しまうのが習気（妄想）なのである。そして、情が発するたびに、習気にさまたげられてどうにもならなくなる。習気が本性を閉じ込めるから、これを除去しなければいけない。

この工夫の肝要な所（機筈）は、心が発動する時にある。すなわち本性をよく反省し観察（反観）して、情がまだ発動しない時の本性の姿を求め、これをもとに戻し返すならば、その情の感ずる所が、もっぱら本性のままに動くようになって、節に合しないということはない。しかし、この工夫は大変困難なことで、だれでも、習気に押し倒されない者は少ない。それで、常に情がまだ感じない時に戒め慎み、それでも失うようであるならば、ほんのわずかに動き始めたと感じた時に、もとに戻し返すようにするがよい。これ以外によい工夫はない。

（言志後録八七）

二六　仮己を捨て真己を得よ

❖仮己《かこ》を去って真己《しんこ》を成し、客我《きやくが》を逐《お》うて主我《しゆが》を存《そん》す。是《これ》を其の身に獲《とら》われずと謂《い》う。

常住でない仮の存在としての自己というものを捨て去（断滅）って、本来の真実の自己を現成させ、あるいは、邪念・妄想を追い払って、心の奥にいる本来の自己である主人公（仏性・良心）が存在するようにさせる。これを何者にもとらわれない自由無碍《むげ》にして任運自在な境地というのである。

二七　心に鍼を刺す

❖箴《しん》は鍼《しん》なり、心の鍼《はり》なり。非幾《ひき》纔《わず》かに動けば、即便《すなわ》ち之《これ》を箴すれば可《か》なり。増長するに至りては、則ち効を得《う》ること或《ある》いは少なし。余刺鍼《ししん》を好む。気体《きたい》稍《やや》清快ならざるに値《あ》えば、輒《すなわ》ち早く心下《しんか》を刺《さ》すこと十数鍼なれば、則ち病《やまい》未《いま》だ成らずして潰《かい》す。因《よ》って此《こ》の理を悟る。

（言志後録九一）

箴言《しんげん》（戒めの言葉）というものは、心の病を治すために刺す針のようなものである。心に邪念がわずかでも生じた場合には、すぐに箴言の針を刺し込むのがよい。邪念が次第に甚《はなは》だしくなっては、針を刺しても、効能は少ないであろう。自分は鍼が好きで、体の調子が少しよくない時には、早速胸の下に十数本の鍼を刺すことにしている。そうすると、病気にならない中《うち》に癒《なお》ってしまう。これによって、箴言の鍼の効能のあることがわかった。

二八　静坐の功

（言志後録一三六）

❖静坐の功は、気を定め神《しん》を凝《こ》らし、気の容《かたち》は粛《しゅく》、口の容は止《し》、頭の容は直《ちょく》、手の容は恭《きょう》にして、神を背《せ》に棲《す》ましめ、儼然《げんぜん》として敬を持《じ》し、就《すなわ》ち自《みずか》ら胸中多少の雑念・客慮《かくりょ》・貨色・名利等の病根の伏蔵するを捜出《そうしゅつ》して、以て之《これ》を掃蕩《そうとう》すべし。然《しか》らずして徒爾《とじ》に兀坐瞑目《ごつざめいもく》して、頑空《がんくう》を養成せば、気を定め神を凝らすに似たりと雖《いえど》も、抑竟《そもそもつい》に何の益あらん。

静坐の功夫（工夫）というものは、気持を落ちつけ、精神を一つに集中して、呼吸を正しく整え、口元を一文字にしめ、頭を真直ぐにし、手を乱れずにし、精神を背の方に置き、おごそかに敬虔《けいけん》な気持をもって、心中の色々な雑念や妄想や、そして金銭のことや名利などのかくれている心の病根を探し出して（捜出）払い除かなければいけない。それをせずに、いたずらに坐って目を閉じ（兀坐瞑目）、かたくなでうつろな心で、ただぼんやりとした状態（頑空）を養成するならば、気を落ちつけ、心を集中しているようであるけれども、結局、何の得るところもないことになる。

二九　政治の要領

❖寛《かん》なれども縦《じゅう》ならず。明《めい》なれども察《さつ》ならず。簡《かん》なれども麤《そ》ならず。果《か》なれども暴《ぼう》ならず。此《こ》の四者《しゃ》を能《よ》くせば、以て 政《まつりごと》に従う可《べ》し。

（言志後録一八八）

おうようであっても、気ままにならない。かしこくても厳しい調べはしない。簡単であってもぞんざい（麤）ではない。思いきって行ってもあらあらしい態度ではない。この四つをよく会得できれば、よい政治ができる。

三〇　克己と復礼

❖濁水《だくすい》も亦《また》水なり。一たび澄めば則ち清水《せいすい》と為《な》る。客気《かっき》も亦気なり。一たび転ずれば、正気《せいき》と為る。逐客《ちくかく》の工夫は、只《た》だ是れ克己《こっき》のみ。只だ是れ復礼のみ。

（言志晩録一七）

濁った水も、やっぱり水であって、これが一度澄むと清《きよ》らかな水となるのである。空元気《からげんき》（客気）もやはり気であって、これががらりと変わると至正至大の気となるのである。この空元気を追い払って正気（本然《ほんぜん》の性）にする工夫は、もっぱら己《おのれ》の私心・私欲に打《う》ち克《か》ち、人の行う礼法を実践していくだけのことである。

三一　講義の心得

❖講説の時、只《た》だ我が口の言う所は我が耳に入《い》り、耳の聞く所再び心に返り、以《もっ》て自警《じけい》と為《な》すを要す。吾《わ》が講已《すで》に我れに益《えき》有らば、必ずしも聴く者の如何《いかん》を問わず。

（言志晩録四二）

講義をする場合、ただ自分の口で言っていることが、自分の耳に入り、耳で聞いた所のことが、再び自分の心に返ってくるようになることを自分の戒め（自警）とすることが大切である。自分の講義がすでに自分に益する所があれば、必ずしも聴講する者が、どう受けとめようと、それは問うには及ばない。

三二　疑問は悟りのもと

（言志晩録五九）

❖余は年少の時、学に於《お》いて多く疑《うたがい》有り。中年に至るも亦然《またしか》り。一疑《ぎ》起る毎《ごと》に、見解少しく変ず。即《すなわ》ち学の稍《やや》進むを覚えぬ。近年に至るに及んでは、則ち絶《た》えて疑念無し。又学も亦進まざるを覚ゆ。乃《すなわ》ち始めて信ず、「白沙《はくさ》の云《い》う所、疑いは覚悟の機」なることを。斯《こ》の道は無窮《むきゅう》、学も亦無窮。今老いたりと雖《いえど》も、自《みずか》ら厲《はげ》まざる可《べ》けんや。

自分は少年時代に、学問について多くの疑問をいだいていた。それが中年になっても同じであった。一つの疑問が起こるたびに、自分の学問に対する見方や考え方が少し変わってきた。それは、学問が少しばかり進歩するのを自覚してきたことである。近年（およそ七十歳）になって、少しも疑う心が無くなり、そのうえ、学問も進歩するのを自覚しなくなった。そこではじめて、明代《みんだい》の儒者の陳白沙《ちんはくさ》先生のいわれた「物を疑うということは、悟りを得る機会である」ということを信ずるようになった。聖人の道は無窮なものであり、学問も同じく無窮なものである。いま自分は年をとっているけれども、いっそう奮励努力しなければならない。

三三　内外両面の工夫

❖心理は是《こ》れ竪《たて》の工夫、博覧は是れ横《よこ》の工夫。竪の工夫は則ち深入自得《しんにゅうじとく》し、横の工夫は則ち浅易汎濫《せんいはんらん》す。

（言志晩録六二）

心性を究明することは竪の内面的修養であり、書物を博《ひろ》く覧《み》ていくことは横の外面的修養である。この竪の工夫（内面的修養）は深く道理を究《きわ》めて悟《さと》りの境地に至ることができるが、書物による横の工夫（外面的修養）は深みがなく表面的なもので、あまり身のためにはならない。

三四　臍下丹田に力を入れよ

❖人身にて、臍《せい》を受気《じゅき》の蒂《てい》と為《な》せば、則《すなわ》ち震気は此《こ》れよりして発しぬ。宜《よろ》しく実《じつ》を臍下《せいか》に畜《たくわ》え、虚を臍上に凾《い》れ、呼吸は臍上と相消息し、筋力は臍下よりして運動すべし。思慮云為《うんい》、皆此《これ》に根柢《こんてい》す。凡百《ぼんひゃく》の技能も亦《また》多く此《か》くの如《ごと》し。

（言志晩録七九）

人体についていえば、臍《へそ》というものが、気（元気、活動の根源）を受ける蒂《ほぞ》とすれば、生生とした陽気（震気）はこの臍から発動するのである。それで、気を臍下の所（気《き》海丹田《かいたんでん》）に蓄《たくわ》え、臍の上を虚にして（力をぬいて）、呼吸はこの臍の上と相通じ、筋肉の力は臍下の所（丹田）から発するようにして体を運動さすのがよい。物事を考えたりなしたりすることも、皆ここに根源をおくのである。あらゆる技能も総《すべ》て臍下丹田にもとづかないものはない。

三五　治心の法

❖治心《ちしん》の法は須《すべか》らく至静を至動の中に認得《にんとく》すべし。呂涇野《りよけいや》謂《い》う、「功を用いる必ずしも山林ならず、市朝《しちよう》も亦做《な》し得《う》」と。此《こ》の言然《げんしか》り。

（言志晩録八五）

心を治める方法は、極《きわ》めて静なるもの（静なる心）を、極めて動的なものの中において得なければいけない。明代《みんだい》の学者呂涇野は「修養するには、必ずしも静寂な山林でなくても、騒がしい市街《まち》の中でもなすことができる」といったが、誠にこの通りである。

三六　心に愧じざれば

❖我が言語は、吾《わ》が耳自《みずか》ら聴く可《べ》し。我が挙動は、吾が目自ら視《み》る可し。視聴《しちょう》既に心に愧《は》じざらば、則ち人も亦必ず服せん。

（言志晩録一六九）

自分の言葉は自分の耳で聴くのがよい。自分の立ち居振る舞いは自分の目で視るのがよい。自分で自分の挙動を視たり、自分で自分の言葉を聴いたりして、心に恥じる所がなければ、人もまた必ず自分に対して心服するであろう。

三七　視聴言動を慎め

❖視聴を慎みて以《もっ》て心の門戸《もんこ》を固《かた》くし、言動を謹《つつし》みて以て心の出入《しゅつにゅう》を厳《げん》にす。

（言志晩録一七六）

目で視《み》たり耳で聴いたりすることをよく慎んで、悪い方向に行かないように、心の門を堅固にしておく。また、言葉や動作をよく慎んで、禍《わざわい》が生《しょう》じ易《やす》いから、心がみだりに出入りしないように厳重にしていく。

三八　吾が心を礼拝せよ

❖人は当《まさ》に自《みずか》ら吾《わ》が心を礼拝《らいはい》し、自ら安否《あんぴ》を問うべし。吾が心は即《すなわ》ち天の心、吾が身は則ち親の身なるを以《もっ》てなり。是《これ》を天に事《つか》うと謂《い》い、是を終身の孝と謂う。

（言志晩録一七七）

人は常に自分の心に対して礼拝し、自分の心が安らかであるかどうか、健全であるかどうかを尋ねるべきである。自分の心は天から与えられた心であり、自分の体は親から授かった体であるからである。それで、天から与えられた心の安否を尋ね、その心の宿《やど》る親の体である自分を大切にすることは、これ正しく天に事《つか》えるということであり、一生涯を通しての孝ということでもある。

三九　艱難辛苦（一）

❖薬物は甘《かん》の苦中《くちゆう》より生ずる者多く効有り。人も亦艱苦《かんく》を閲歴《えつれき》すれば、則《すなわ》ち思慮自《おのずか》ら濃《こま》やかにして、恰《あたか》も好《よ》く事を済《な》す。此《これ》と相似《あいに》たり。

（言志晩録二〇四）

薬は甘味が苦味の中から出てくるものに、多く効能があるものである。人間もそれと同様に、艱難辛苦《かんなんしんく》を経験すると、考えが自然と深く細《こま》やかになり、何事もよく成就する。これとよく似ている。

四〇　艱難辛苦（二）

❖艱難《かんなん》は能《よ》く人の心を堅《かと》うす。故《ゆえ》に共に艱難を経《へ》し者は、交りを結ぶことも亦《また》密にして、竟《つい》に相忘《あいわす》るること能《あた》わず。「糟糠《そうこう》の妻は堂を下《くだ》さず」とは、亦此《こ》の類なり。

（言志晩録二〇五）

苦難（苦しみ）というものは、人の心をひきしめて堅固にするものである。それで、共に艱難辛苦を経てきた者は、交わりを結ぶことも緊密であって、いつまでも互いに忘れることができない。「糟《かす》や糠《ぬか》のような粗末なものを食べて共に苦労をしてきた妻は、富貴な身分になってからは、堂から下へおろして働かせず大切にする」というのも、これと同類である。

四一　学問は誇ってはならない

❖学は須《すべか》らく心事《しんじ》の合一《ごういつ》するを要すべし。吾《わ》れ一好事《こうじ》を做《な》し、自《みずか》ら以《もっ》て好《よ》しと為《な》

（言志晩録二一八）

し、因《よっ》て人の其《そ》の好きを知るを要するは、是《こ》れ即《すなわ》ち矜心除《きょうしんのぞ》かざるなり。便《すなわ》ち是れ心事の合一せざるなり。

学問をするには、自分の心とその行いとが合致《がっち》して一つとならなければならない。自分が一つの好い事をして、自分でも好いと認め、それによって、人にそのよさを認識してもらうように要求することは、すなわち、人に誇る心（矜心）がまだ取り除かれていないからである。これは心と行いが一致していないというものである。

四二　らしくせよ

（言志晩録二五九）

❖少《しょう》にして老人の態《たい》を為《な》すは不可なり。老《お》いて少年の態を為すは、尤《もっと》も不可なり。

若い者が老人ぶるのはよくないことである。老人が若者ぶるのは最もよくないことである。

四三　精神と身体の養生

❖心思《しんし》を労せず、労せざるは是《こ》れ養生なり。体軀《たいく》を労す、労するも亦《また》養生なり。

（言志晩録二七七）

精神を疲《つか》れさせない。この疲れさせないということは養生なのである。身体を労役（精を出して疲れる）させる。この身体を骨折りくたびれさせることも養生なのである。

四四　節を守る

❖養生の工夫は、節《せつ》の一字に在《あ》り。

（言志晩録二八〇）

養生について用心すべきことは、ただ節（節度・適度）をよく守るということにある。

四五　悔・激・懼の字訓

❖悔《かい》の字、激《げき》の字、懼《く》の字は好字面《こうじめん》に非《あら》ず。然《しか》れども一志を以て之《これ》を率《ひき》いれば、則《すなわ》ち皆善を為《な》すの幾《き》なり。自省《じせい》せざる可《べ》けんや。

（言志耋録二一〇）

前非《ぜんぴ》をくやしく思う意味の悔の字や、はげしく怒るという意味の激の字や、おそれるという意味の懼の字は、皆どれも字面《じづら》（文字の構成や字くばりから受ける視覚的な感じ）がよくない。しかし、一度志を確立して、これらを率いていくならば、総《すべ》て善をなすきっかけとなる。すなわち、悔の字は、くい改めて善に向かうきざし（幾）になり、激の字ははげしく奮起していくことになり、懼の字は戒慎恐懼《かいしんきょうく》して自重《じちょう》していくことになる。このように字面はよくないが、これを活用すればよくなるから、各自よく反省しないではいられない。

（言志耋録二一九）

四六　気質の変化

❖均《ひと》しく是《こ》れ人なり。遊惰《ゆうだ》なれば則《すなわ》ち弱《じゃく》なり。一旦《たん》困苦すれば則ち強《きょう》と為《な》る。愜意《きょうい》なれば則ち柔《じゅう》なり。一旦激発すれば則ち剛《ごう》と為る。気質の変化す可《べ》きこと此《かく》の如《ごと》し。

みな同じく人間である。しかし、遊びなまけていると柔弱《にゅうじゃく》になるし、一度困苦にあうと意志が強固になる。心が満足（愜意）していると優柔になるし、一度激しく発憤して励むと剛強になる。

四七　心を養うべし

❖凡《およ》そ活物《いきもの》は養わざれば則《すなわ》ち死す。心は我れに在《あ》るの一大活物《かつぶつ》なり。尤《もっと》も以《もっ》て養わざる可《べ》からず。之《これ》を養うには奈何《いか》にせん。理義の外《ほか》に別方《べっぽう》無きのみ。

（言志耋録四七）

だいたい生命のある物は、これを養っていかなければ死んでしまう。身体を主宰する所の心というものは、各自に具《そな》わっている一大活物であるから、特にこれを養わなければならない。これを養っていくにはどうすればよいか。それは物の道理を明らかにして、心をそれに照らしてみる以外に方法はない。

四八　端坐内省

❖端坐内省《たんざないせい》して心の工夫を做《な》すには、宜《よろ》しく先《ま》ず自《みずか》ら其《そ》の主宰を認むべきなり。省《せい》する者は我れか、省せらるる者は我れか。心は固《もと》より我れにして、軀《み》も亦我れなるに、此《こ》の言《げん》を為《な》す者は果たして誰ぞや。是《これ》を之《こ》れ自省《じせい》と謂《い》う。自省の極《きょく》は、乃《すなわ》ち霊光の真の我れたるを見る。

（言志耋録五〇）

正しく坐り内心をかえりみて、心の修養をするには、まず第一に自ら自己の本心を体認するのがよい。自省の方法は、すなわち「内省するものが自己であるのか。それとも、内省されるものが自己であるのか。心はもとより自己であるが、体もまた自己であるとすれば、この言を発するもの（主体）は果たして誰なのか」と、こうすることを自己反省というのである。自己反省の究極に至って、昭明霊覚な良心（本心）の光が、真実の自己（真己《しんこ》）であることが知られるのである。

四九　自然現象はみな教え

❖春風《しゅんぷう》以《もっ》て人を和《わ》し、雷霆《らいてい》以て人を警《いまし》め、霜露《そうろ》以て人を粛《しゅく》し、氷雪《ひょうせつ》以て人を固《かた》くす。「風雨《ふうう》霜露《そうろ》も教えに非《あら》ざる無し」とは、此《こ》の類を謂《い》うなり。

（言志耋録八五）

そよそよと吹く春の風は人の心を柔らかく穏やかにし、雷鳴やいなびかりは人の心を戒め、降る霜《しも》や露《つゆ》は人の心を緊張させ、冷たい氷雪は人の心を堅固なものにする。『礼記《らいき》』に「風雨霜露も教えで無いものはない」とあるが、これはいま述べたことと類するものである。

五〇　決断と謹厳

❖事を処するには決断を要す。決断或《ある》いは軽遽《けいきょ》に失《しっ》す。事を執《と》るには謹厳を要す。謹厳或いは拘泥《こうでい》に失す。須《すべか》らく自省《じせい》すべし。

（言志耋録一一二）

物事を処理するには、決慮断行（きっぱりと行うこと）が必要である。しかし、決断のあまり、時折り軽率（軽遽）になることがある。また、物事を執り行うには、謹厳（慎み深くておごそか）であることが必要である。しかし謹厳のあまり、時々物事に執着《しゅうじゃく》して融通のきかないことがある。これらの事は、自《みず》ら反省しなければいけない。

五一　忙中の閑、苦中の楽

❖人は須《すべか》らく忙裏《ぼうり》に閒《かん》を占《し》め、苦中に楽を存《そん》する工夫を著《つ》くべし。

（言志耋録一一三）

人は多忙の中にあっても閑静な時のような心を持たなければいけないし、また苦しみの中にあっても楽しみを持つ工夫をしなければいけない。

五二　禍・福

❖愆《とが》を免《まぬが》るるの道は謙と譲とに在《あ》り、福《ふく》を干《もと》むるの道は恵《え》と施《せ》とに在り。

（言志耋録一五二）

過失をまぬがれる方法は、へりくだること（謙）とゆずること（譲）にある。幸福を求める方法は、人に恵むことと施しをすることにある。

五三　道理は万古不易

❖身には老少《ろうしょう》有りて心には老少無し。気には老少有りて理には老少無し。須《すべか》らく能《よ》く老少無きの心を執《と》りて、以て老少無きの理を体《たい》すべし。

（言志耋録二八三）

人間の身体には老い（衰《おとろ》え）と若さの別があっても、心には老少は無い。元気には老いと若さの別があっても、天賦《てんぷ》の理性には老少は無い。老いとか若さとかいうことの無い心をもって、老少の無い万古不易《ばんこふえき》の道理というものを体得すべきである。

五四　老人の養生法（一）

❖視聴言動は各々《おのおの》其の度《ど》有り。度を過ぐれば則ち病《やまい》を致《いた》す。養生も亦吾《またわ》が道に外《ほか》ならず。

（言志耋録二九一）

見たり聴いたり話したり動いたりすることには、それぞれ適度というものがある。度を過ぎる（無理をする）と病気になる。これと同じく、身体を養生することも、また度を過ごさず適度を守っていくにある。

五五　老人の養生法（二）

❖心志《しんし》を養うは養の最《さい》なり。体軀《たいく》を養うは養の中《ちゅう》なり。口腹《こうふく》を養うは養の下《げ》なり。

（言志耋録二九五）

精神を修養することは養生の最上の（最もすぐれた）ものであり、身体を養う（健康の増進をはかる）ことは養生の中なるものであるが、口や腹の欲をみたすことは養生の中で最も劣った下なるものである。

五六　老人の養生法（三）

❖老人の自《みずか》ら養うに四件有り。曰《いわ》く和易《わい》、曰く自然《しぜん》、曰く逍遥《しょうよう》、曰く流動《りゅうどう》、是《こ》れなり。諸《もろもろ》 激烈の事皆害有り。

（言志耋録三〇八）

老人が自ら養生するのに次の四件がある。（一）気持がおだやかなこと、（二）自然のままにして焦《あせ》らないこと、（三）ゆったりとして落ちついていること、（四）物にこだわらないこと。精神的にも肉体的にも急激な事は総《すべ》て養生には害となるのでよくない。

五七　老人の養生法（四）

❖花木《かぼく》を観《み》て以《もっ》て目を養い、啼鳥《ていちょう》を聴《き》いて以て耳を養い、香草《こうそう》を嗅《か》いで以て鼻を養い、甘滑《かんかつ》を食《くら》いて以て口を養い、時に大小の字を揮灑《きさい》して以て臂腕《ひわん》を養い、園中に徜徉《しょうよう》して以て股脚《こきゃく》を養う。凡《およ》そ物其《そ》の節度を得れば、皆以て養を為《な》すに足《た》るのみ。

（言志耋録三一四）

花の咲いた木を観て目を養い、啼《な》く鳥の声を聞いては耳を養い、芳香のある草の香りをかいでは鼻を養い、甘くて口あたりのよい物（甘滑）を食べては口を養い、時には大小の字を書いては臂《ひじ》や腕を養い、庭園をぶらぶら歩いては股《また》や脚《あし》を養う。すべて何事でも節度（適当な度合）を得たならば、ことごとく自分の身の養生とするに足るものである。

五八　老人の養生法（五）

❖養生、私《わたくし》に出《い》づれば、則《すなわ》ち養飜《ひるがえ》って害を招き、公《おおやけ》に出づれば、則ち着実に養を成す。公私の差は毫髪《ごうはつ》に在《あ》り。

（言志耋録三一七）

養生というものが、ただ身を思う私心から出るならば、かえって害を招くことになる。養生が世のため人のためにという公共心から出るならば、その養生は真の養生となり得《う》る。この公心と私心との相違は、ほんのわずか（毫髪）であるからよく注意すべきである。

五九　老人の養生法（六）

❖老を養うは一の安《あん》の字を占《たも》つを要す。心安《やす》く、身安く、事安し。何の養か之《これ》に如《し》

（言志耋録三二一）

かん。

老人が養生するには、安の一字を保っていくことが大切である。すなわち、心を安らかにし、体も安らかにし、なお物事をなすにも安らかにしていく。これにまさる養生はない。

六〇　老人の養生法（七）

❖清忙《せいぼう》は養《よう》を成す。過閑《かかん》は養に非《あら》ず。

（言志耋録二二一）

心に何となくさわやかさを感じるようなのは養生になるが、あまり暇《ひま》があり過ぎるのは養生にはならない。

六一　老人の養生法（八）

❖老人は宜《よろ》しく流水《りゅうすい》に臨み、遠山《えんざん》を仰《あお》ぎ、以て恢豁《かいかつ》の観《かん》を為《な》すべし。真に是《こ》れ養生なり。倘《も》し或《ある》いは風寒《ふうかん》を怯《おそ》れ、常に被《ひ》を擁《よう》し室《しつ》に在《あ》るは、則ち養に似て養に非《あら》ず。

（言志耋録二二七）

老人は川の流れを見たり、遠方の山を仰ぎ眺めたりして、心が大きく広々とするような観望をするのがよい。そうすることが真の養生なのである。もしも、風や寒さを恐れて、いつも夜具や布団をかかえて、室《へや》の中に居《い》るとしたならば、それは養生のようであるが、決して養生にはならない。

（言志耋録二九八）

六二　老人の心得（一）

❖老人は強壮を弱視すること忽《なか》れ。幼冲《ようちゅう》を軽侮《けいぶ》すること勿れ。或《ある》いは過慮少断《かりょしょうだん》にして事期《じき》を錯誤《さくご》すること勿れ。書《しょ》して以て自ら警《いまし》む。

老人は、身体が健康で強い若者を軽《かろ》んじ見さげてはいけない。幼少な者を軽んじ侮《あなど》ってはいけない。あるいは、考え過ぎて決断しそこなって時機を誤ることがあってはいけない。ここに書き記《しる》して自分の戒めとする。

六三　老人の心得（二）

❖老人の事を処するは、酷《こく》に失《しっ》せずして慈《じ》に失し、寛《かん》に失せずして急《きゅう》に失す。警《いまし》む可《べ》し。

（言志耋録二〇一）

老人が物事を処理する場合には、厳し過ぎることはないが、あまりに慈悲をかけ過ぎる。また、寛大になり過ぎるが、あまりに焦《あせ》り過ぎる。自《みずか》ら戒めなければいけない。

六四　老人の心得（三）

❖任の重き者は身《み》なり。途《みち》の遠き者は年《とし》なり。重任《じゅうにん》を任じて遠途《えんと》に輸《いた》す。老学尤《もっと》も宜《よろ》しく老力を厲《はげ》ますべし。

（言志耋録二〇二）

重大な任務を背負っているのは我が身である。この重大な任務を背負って行く道の遠いのは歳月である。すなわち、人間は重大な任務を一身に背負い、はるかに遠い道を運び続けて、目的・理想を達成しなければいけない。自分は老学者であるが、この老力をいっそう励まして死ぬまで努力する覚悟である。

第Ⅱ章　心で見る

一　心は霊知なるもの

❖権《けん》は能《よ》く物を軽重《けいちょう》すれども、而《しか》も自《みずか》ら其《そ》の軽重を定むること能《あた》わず。度《ど》は能く物を長短《ちょうたん》すれども、而も自ら其の長短を度《はか》ること能わず。心は則《すなわ》ち能く物を是非《ぜひ》して、而も又《また》自ら其の是非を知る。是《こ》れ至霊たる所以《ゆえん》なる歟《か》。

（言志録一一）

秤《はかり》（権）は物の軽い重い（重さ）をはかることができるが、自分の重さをはかることはできない。物指《ものさし》（度）は物の長い短い（長さ）をはかることができるが、自分の長さをはかることはできない。しかるに、人の心は権や度とは異なって、外物《がいぶつ》の是非・善悪を定めることができて、その上に自分の心の是非・善悪を知ることができる。これが心を霊妙なるものとする所以ではなかろうか。

二　自然なやり方

❖静かに造化《ぞうか》の跡《あと》を観《み》るに、皆其《そ》の事無き所に行なわる。

（言志録一七）

心静かにして天地万物の創造変化（造化）の跡をながめてみると、総《すべ》て少しも無理のない自然なやり方でなされている。

三　人を容れる心（一）

❖人の言《げん》は須《すべか》らく容《い》れて之《これ》を択《えら》ぶべし。拒《こば》む可《べ》からず。又惑《またまど》う可からず。

（言志録二二六）

他人の言は、聴き入れてから、そのよしあしを選択すべきである。最初から断るようなことがあってはいけない。また、その人の言に惑うようなことがあってはいけない。

四　人を容れる心（二）

❖能《よ》く人を容《い》るる者にして、而《しか》る後以《のちもつ》て人を責《せ》む可《べ》し。人も亦《また》其の責を受く。人を容るること能《あた》わざる者は、人を責むること能わず。人も亦其の責を受けず。

（言志録二二七）

人を受け容れる度量の大きい人であってこそ、はじめて人の欠点を責《せ》め咎《とが》める資格がある。責められる人も、度量のある人から責められれば、その責めをよく受け容れる。これに反して、人を受け容れる度量のない人は、人の短所・欠点を責め咎める資格はない。責められる方としても、度量のない人の言葉は受け容れない。

五　諫言（一）

❖凡《およ》そ人を諫《いさ》めんと欲《ほっ》するは、唯《た》だ一団の誠意、言《げん》に溢《あふ》るる有るのみ。苟《いやし》くも一忿《ぷん》疾《しつ》の心を挟《はさ》まば、諫《いさめ》は決して入らず。

（言志録七〇）

だいたい、人の欠点・短所を改めさせようとするには、忠告しようとする誠意が、言葉に満ちあふれるようでなければだめだ。かりにも、怒り憎むような気持が少しでもあれば、忠言（諫言《かんげん》）は決して相手の心には入らない。

六　諫言（二）

❖諫《いさめ》を聞く者は、固《もと》より須《すべか》らく虚懐《きよかい》なるべし。諫を進むる者も、亦《また》須らく虚懐なるべし。

（言志録七一）

人の忠告を聞き容《い》れる者は、わだかまりの無いさっぱりした心で聞かなければいけない。

忠告をする者も、誠意をもって、わだかまりの無い平《たい》らかな心（虚懐）でなければならない。

七　無用な事物は無い

❖天下の事物、理勢《りせい》の然《しか》らざるを得《え》ざる者有り。学人或《がくじんある》いは輒《すなわ》ち人事を斥《しりぞ》けて、目《もく》するに無用を以《もっ》てす。殊《こと》に知らず、天下無用の物無ければ、則ち亦無用の事無きことを。其の斥けて以て無用と為《な》す者は、安《いずく》んぞ其の大いに有用の者たらざるを知らんや。若《も》し輒ち一概《いちがい》に無用を以て之を目《もく》すれば、則ち天の万物を生ずる、一に何《なん》ぞ無用の多き。材に中《あた》らざるの草木有り。食う可《べ》からざるの禽獣虫魚《きんじゅうちゅうぎょ》有り。天果《は》たして何の用有りて之を生ずる。殆《ほとん》ど情量の及ぶ所に非《あら》ず。

（言志録一〇五）

世の中の物事は、自然のなりゆき（理勢）でそうならなければならないものがある。どうかすると、学問する人は、人の行うことを排斥し、無用な物と見る。ことに「世の中には無用な物が無ければ、無用な事も無い」ということを知らない。学人が排斥して無用とするものは、それがかえって大いに役立つものであるということをどうして知ろうか、いや知らないと思う。もしおしなべて無用の物と見るならば、天が万物を生ずるにあたって、なぜ無用の物を多く作ったのであろう。世の中には、用材に適しない草木もあり、食用にならない禽獣や虫魚もある。天が果たしていかなる用途があって、これらの物を生ぜしめたのだろうか。それはほとんど人間の考えが及ぶべき所ではない。

八　急《せ》くなかれ

❖急迫《きゆうはく》は事を敗《やぶ》り、寧耐《ねいたい》は事を成す。

（言志録一三〇）

何ごともせっぱつまって急いでやれば、事は失敗に終わる。あせらずに忍耐して好機を待つならば、物事を成就さすことができる。

九　生死は天に一任す

❖生物は皆死を畏《おそ》る。人は其の霊なり。当《まさ》に死を畏るるの中《うち》より、死を畏れざるの理を揀《えら》び出すべし。吾《わ》れ思う、我が身は天物《てんぶつ》なり。死生《しせい》の権は天に在《あ》り。当に順《したが》いて之を受くべし。我れの生まるるや、自然にして生まる。生まるる時未《いま》だ嘗《かつ》て

（言志録一三七）

喜ぶを知らざるなり。則ち我れの死するや、応《まさ》に亦《また》自然にして死し、死する時未だ嘗て悲しむを知らざるべきなり。天之を生じて、天之を死せしむ。一《いつ》に天に聴《まか》すのみ。吾れ何ぞ畏れん。吾が性は則ち天なり。軀殻《くかく》は則ち天を蔵《ぞう》するの室なり。精気の物と為《な》るや、天此《こ》の室に寓《ぐう》せしめ、遊魂《ゆうこん》の変を為すや、天此の室より離れしむ。死の後は即ち生の前、生の前は則ち、死の後にして、吾が性の性たる所以《ゆえん》の者は、恒《つね》に死生の外に在り。吾れ何ぞ焉《これ》を畏れん。夫《そ》れ昼夜は一理、幽明も一理、始《はじめ》を原《たず》ねて終《おわり》に反《かえ》り、死生の説を知る。何ぞ其の易簡《いかん》にして明白なるや。吾人《ごじん》当に此の理を以て自省すべし。

生物は総《すべ》て死を畏れる。人間は万物の霊長である。死を畏れるから、死を畏れない理由を選び出して安住すべきである。私は次の如《ごと》く考えている。自分の体は天から授かったもので、死生の権利というものは天にある。それで、従順に天命を受けるのが当然である。我々人間の生まれるのは、自然であって、生まれた時は、まだ喜びを知らない。我々人間の死ぬのも自然であって、死ぬ時に悲しみを知らない。天が我々人間を生み、そして死なすのであるから、死生は天に一任すべきで、別に何も畏れることはいらない。我が本性は天から与えられた物、すなわち天物で、体は天物である本性をしまっておく所の室なのである。精気が一つの固まった物となると、天（本性・天物）は、この室に寄寓《きぐう》するが、魂が体から遊離すると、天はこの室から離れていく。死ぬと生まれ、生まれると死ぬものであって、本性の本性たる所以のものは、いつも死生の外に、すなわち死生を超越しているから、自分は死に対する恐怖はない。昼夜には一つの道理があるが、幽明（死生）にも一つの道理がある。物の始めをたずねれば、必ず終わりがあるもので、これによって、死生のことも知ることができる。なんと簡単明瞭なものではないか。我々はこの道理をもって、みずから反省すべきである。

一〇　自然現象は一大政事

（言志録一七一）

❖吾《わ》れ俯仰《ふぎょう》して之《これ》を観察すれば、日月《じつげつ》は昭然として明《めい》を掲《かか》げ、星辰《せいしん》は燦然《さんぜん》として文《ぶん》を列し、春風《しゅんぷう》は和燠《わいく》にして化を宣《の》べ、雨露《うろ》は膏沢《こうたく》して物に洽《あまね》く、霜雪《そうせつ》は気凜然《りんぜん》として粛《しゅく》に、雷霆《らいてい》は威赫然《いかくぜん》として震《ふる》い、山岳は安静にして遷《うつ》らず、河海《かかい》は弘量《こうりょう》にして能《よ》く納《い》れ、谿壑《けいがく》は深くして測《はか》る可《べ》からず。原野は広くして隠《かく》す所無く、而《しか》も元気は生生して息《や》まず。其の間に斡旋《あっせん》す。凡《およ》そ此《こ》れ皆天地の一大政事にして、謂《い》わゆる天道の至教なり。風雨霜露《そうろ》も教《おしえ》に非《あら》ざる無き者、人君《じんくん》最も宜《よろ》しく此《こ》れを体《たい》すべし。

天地を仰ぎ俯《ふ》して見ると、日月は煌煌《こうこう》として光り輝いており、無数の星はきらきらと文《あや》をなして輝きわたり、暖かい春風はやわらかく万物を化育しており、雨や露は万物に恵みを施しており、霜や雪はその寒気身にしむほどに厳しく、雷は威勢よく鳴りわたり、山岳はいつも泰然として変わらず、河や海は広大にしてよく物を納《おさ》め入《い》れ、谷は深くて測ることができない。野原は広々として隠すところもなく、天地の気（精気）は生々として休むことなく、その間をほどよくとりもっている。これらの諸現象は天地における一つの大きな政事であって、天道の至大なる教えである。風雨や霜露も教えで無いものはなく、人君たる者は、このことを十分会得し身につけて、立派な政治を行うことが望ましい。

（言志録一八一）

一一　人を使うには

❖人情の気機《きき》は、一定を以て求む可《べ》からず。之《これ》を誘いて勧め、之を禁じて遏《とど》むるは順なり。之を導いて反《かえ》って阻《そ》し、之を抑《おさ》えて、益《ますます》揚《あが》るは逆なり。是の故に駕馭《がぎょ》の道は、当《まさ》に其の向背《こうはい》を察し、其の軽重《けいちょう》を審《つまびらか》にし、勢いに因《よ》りて之を利導し、機に応じて之を激励し、其《それ》をして自ら其の然《しか》る所以《ゆえん》を覚えざらしむべし。此《これ》を之得たりと為《な》す。

心の自然のはたらきというものは、別に定まった型があるものではない。ある時には誘って勧めたり、また禁じて止《や》めさせるのは、順当なことである。導いてかえって悪を阻止したり、抑制してかえって盛んになるのは逆のやり方である。それで、人を使う道は、その向かわんとする所や背《そむ》かんとする所をよく察し、また物事の軽重を明らかにし、勢いによって有利に導き、しおどきを見て励まし、そうすることが妥当であるということを知らしめるべきである。これを人をうまく使う道を会得したというものである。

一二　人を教えるには

（言志録一八四）

❖人を教うる者、要は須《すべか》らく其の志を責むべし。聒聒《かつかつ》として口に騰《のぼ》すとも、益《えき》無きなり。

人を教導する者にとって肝要なことは、その志の向かう所（目的意識）の有る無しをとがめるべきであって、そのうえ何かと、やかましく（聒聒）言っても無駄なことである。

一三　多言を慎む

❖饒舌《にょうぜつ》の時、自《みずか》ら気の暴《ぼう》するを覚《おぼ》ゆ。暴すれば斯《ここ》に餒《う》う。安《いず》んぞ能《よ》く人を動かさんや。

（言志録一八五）

よくしゃべる時には、気の乱れているのが感ぜられる。気が乱れた場合には、道義から離れて気が飢《う》えて活動しなくなる。そんなことで人を感動させることができようか。

一四　人心と道心

❖人心惟《こ》れ危《あやう》ければ、則ち堯舜《ぎょうしゅん》の心、即ち桀紂《けっちゅう》なり。道心《どうしん》惟れ微《び》なれば、則ち桀紂の心、即ち堯舜なり。

（言志録一九五）

私欲のために人間の心が危険な状態になると、聖人堯・舜のような立派な心を持った人でも、悪逆無道な暴君桀・紂のような人物となる。反対に、欲心のない清浄心が少しでもあれば、桀・紂のような心の者でも、堯・舜のような心の人になる。

一五　読書三法

❖読書の法は、当《まさ》に孟子《もうし》の三言《げん》を師とすべし。曰《いわ》く、意を以《もっ》て志を逆《むか》う。曰く、尽《ことごと》くは書を信ぜず。曰く、人を知り世を論ずと。

（言志録二三九）

読書の方法としては、次のような孟子の三言を手本とすべきである。すなわち、第一には「自分の心を以て、作者の精神のある所を迎えとるべきである」ということ、第二には「読んだ書物を一部は信用するが、全部は信用しない」ということ、第三には、「作者の人となりを知り、その当時の社会的状況を論じて明らかにする」ということである。

一六　内的知と外的知

❖凡《およ》そ教えは外よりして入《い》り、工夫は内よりして出《い》づ。内よりして出づるは、必ず諸《これ》を外に験《けん》し、外よりして入るは、当《まさ》に諸を内に原《たず》ぬべし。

（言志後録五）

だいたい、教えというのは外から入ってくるものであり、工夫（知恵）というのは自分の内部から出てくるものである。それで、自分の内部から色々と考え出したものは、必ずこれを外部において確認すべきであり、また、外から入ってくる教え（知識）は、ぜひこれをよく自分で調べて当否を考究すべきである。

一七　過去を追想すべし

❖人は当《まさ》に往時に経歴せし事迹《じせき》を追思《ついし》すべし。某《ぼう》の年為《な》しし所、孰《いず》れか是《こ》れ当否、孰れか是れ生熟《せいじゆく》、某の年謀《はか》りし所、孰れか是れ穏妥《おんだ》、孰れか是れ過差《かさ》と。此《こ》れを以《もつ》て将来の鑑戒《かんかい》と為《な》せば可なり。然《しか》らずして、徒爾《とじ》に汲汲営営《きゆうきゆうえいえい》として、前途を算《かぞ》え、来日《らいじつ》を計るとも、亦何の益か之《こ》れ有らん。又尤《もつと》も当に幼穉《ようち》の時の事を憶《おも》い起すべし。父母鞠育乳哺《きくいくにゆうほ》の恩《おん》、顧復懐抱《こふくかいほう》の労《ろう》、撫摩憫恤《ぶまびんじゆつ》の厚《こう》、訓戒督責《くんかいとくせき》の切《せつ》、凡《およ》そ其の艱苦《かんく》して我を長養する所以《ゆえん》の者、悉《ことごと》く以て之《これ》を追思せざる無くんば、則《すなわ》ち今の自《みずか》ら吾が身を愛し、肯《あえ》て自ら軽《かろ》んぜざる所以の者も、亦宜《よろ》しく至らざる所無かるべし。

（言志後録八）

人は過去において自分が経験した事柄を思い出してみるべきである。ある年に自分がなした事は、正しかったか、正しくなかったか、不十分であったか、十分であったか（生熟）、ということを考え、さらに、ある年に自分が計画した事は、穏当であったか（穏妥）、出過ぎていたか（過差）、ということを考えてみる。こうして将来の手本とし戒めとするのが望ましい。そうせずに、ただ徒《いたず》らにこせこせとあくせく（汲汲営営）して、まだ来ない先ざきの事を考え計算したとて、それが何の益になろうか、まったくむだなこと（徒爾）である。

また、人は自分が幼少であった時の事を思い出してみるべきである。父母が自分を養い育てたり乳《ちち》を飲ませてくれた恩、何度も振り返って自分をいたわってくれたり、懐《ふところ》に入れたり、抱《だ》いてくれたりした苦労、撫《な》でさすってくれたり、可愛がってくれたりした厚い情、教えさとし戒めてくれたり、責《せ》めなじったりしてくれた親切心など、およそ父母が艱難辛苦《かんなんしんく》を重ねて、自分を成長させ養育してくれた事など総《すべ》てを思い出してみるならば、いま自分がわが身を大切にし、軽はずみなことをしないということも、また十分に行き届かない所が無いようになるだろう。十分行き届くようになる。

一八　人には寛、己には厳

❖春風《しゅんぷう》を以て人に接し、秋霜《しゅうそう》を以て自《みずか》ら粛《つつし》む。

（言志後録三三）

春風のような温かさと柔《やわ》らかさをもって人に応対し、秋霜のような厳しさをもって自分自身を律（規正）していく。

一九　一と積の字は畏るべし

❖一の字、積《せき》の字、甚《はなは》だ畏《おそ》る可《べ》し。善悪の幾《き》も初一念《しょいちねん》に在《あ》りて、善悪の熟するも、積累《せきるい》の後に在り。

（言志後録二八）

一という字と積という字は、特に畏れ慎まなければいけない。善も悪もそのきざし（幾）というものは、最初の一念（ふと心に思い出すこと）によるものであり、また善や悪が固まるのも、最初の一念が積み重なった後に結果として成るわけである。

二〇　難問題の解決法

❖凡《およ》そ大硬事《だいこうじ》に遇《あ》えば、急心に剖決《ぼうけつ》するを消《もち》いず。須《すべか》らく姑《しばら》く之《これ》を含《お》くべし。一夜を宿《しゅく》し、枕上《ちんじょう》に於《お》いて粗商《ほぼしょうりょう》量することと一半《いっぱん》にして思《おもい》を齎《もたら》して寝《い》ね、翌旦《よくたん》清明の時に及んで、続きて之《これ》を思惟《しい》すれば、則《すなわ》ち必ず恍然《こうぜん》として一条路を見ん。就即ち義理自然に湊泊《そうはく》す。然《しか》る後に徐《おもむ》ろに之《これ》を区処すれば、大概錯悞《たいがいさくご》を致《いた》さず。

（言志後録四五）

総《すべ》て非常に困難な事（大硬事）に出会ったならば、心をあせらせて解決（剖決）してしまう必要はない。しばらくそのままにしておかなければいけない。一晩そのままに留《と》めおいて、枕もとでざっと半分くらい考え、そのことを考えながら寝て、翌朝心がさっぱりしてさわやかな時になって、引き続いてこれを考えてみると、必ずぼんやりと一条の解決の道が見えてくる。そうなると、困難な事の筋道（道理）が自然に心の中に集まってくる（湊泊）ものである。それから、ゆっくりと難問題を一つ一つ処理してゆけば、たいていは間違いを起こさない。

二一　才徳を蔵《かく》せ

❖晦《かい》に処《お》る者は能《よ》く顕《けん》を見、顕に拠《よ》る者は晦を見ず。

（言志後録六四）

暗い所におる者は、明るい所がよく見えるが、明るい所におる者は、暗い所を見ることができない。

二二　遊観は学問

❖孔子川上《せんじょう》に在《あ》りて逝《ゆ》く者を嘆じ、滄浪《そうろう》を過ぎて孺子《じゅし》に感じ、舞雩《ぶう》に遊びて樊遅《はんち》を善《よ》しとし、浴沂《よくき》に曾点《そうてん》に与《くみ》し、東山《とうざん》に登りて魯国《ろこく》を小とし、泰山《たいざん》に登りて天下を窺《かろ》んず。聖人の遊観は学に非《あら》ざる無きなり。

（言志後録七三）

昔、孔子は川のほとりにいて水が絶《た》え間《ま》なく流れ行くのを見て、「逝く者は斯《かく》の如《ごと》きか（自分も年老いて志ならず空《むな》しく世を去って行く）」と嘆じ、子供達（孺子）が「滄浪の水が澄めば纓《えい》（冠の紐）を洗い、水が濁れば足を濯《あら》う」と歌うのを聞いて、水が清か濁かによって纓を洗ったり、足を洗ったりするわけで総《すべ》て自分の責任であると悟り、雨を祈る場所（舞雩）では門弟の樊遅《はんち》の質問が修養に適することをほめ、曾点《そうてん》が沂水《きすい》に浴して身を清めるという意見に賛成し、魯の東山に登って魯国を小とし、泰山に登っては天下を小なりとして軽視した。以上の如く、聖人の遊観はどれも学問でないものは無い。

二三　怒りと欲

❖忿《いかり》熾《さかん》なれば則《すなわ》ち気暴《あら》く、欲多ければ則ち気耗《もう》す。忿を懲《こ》らし欲を窒《ふさ》ぐは、養生においても亦得《またう》。

（言志後録九七）

怒る心が激しく盛んであれば、気があらくなり、欲望が多ければ、気が無くなってしまうものである。忿怒《ふんぬ》や欲望を抑制するのは、心の修養でもあり体の養生でもある。

二四　自己省察

❖人は皆身《み》の安否《あんぴ》を問うを知りて、心の安否を問うを知らず。宜《よろ》しく自《みずか》ら問うべし。能《よ》く闇室《あんしつ》を欺《あざむ》かざるや否《いな》や、能く衾影《きんえい》に愧《は》じざるや否や、能く安穏快楽《あんのんかいらく》を得

（言志後録九八）

るや否やと。時時《じじ》是《かく》の如くすれば、心便《すなわ》ち 放《ほしいまま》ならず。

人はみな体の安らかであるかどうかを問うことは知っているが、心の安らかであるかどうかを問うことを知っていない。次のように自分の心に問うてみるがよい。「暗い室《へや》の中でも良心を欺くような行いがないかどうか、また独り寝たり独り行ったりする時に、自分の夜具や自分の影に恥じることはないかどうか、さらに自分の心が安らかに穏やかであるかどうか、気持よく楽しんでいるかどうか」と。時折りこのようにわが身を反省することができれば、心は決してわがままな状態になることはない。

二五　まず目前の事をなせ

（言志後録一〇七）

❖人の事を做《な》すに、目前に粗《そ》脱《だつ》多く、徒《いたず》らに来日《らいじつ》の事を思量《しりょう》す。譬《たと》えば行旅《こうりょ》の人の齷齪《あくさく》として前程《ぜんてい》を思量するが如し。太《はなは》だ不可なり。人は須《すべか》らく先《ま》ず当下《とうか》を料理すべし。居処 恭《うやうや》しく、事を執《と》るに敬し、言《げん》は忠信、行《こう》は篤敬《とくけい》に、寝ぬるに尸《し》せず、居《お》るに容《かたち》づくらず、一寝一食、造次《ぞうじ》顛沛《てんぱい》に至るが如きも、亦《また》皆当下の事なり。其の当下を料理して、恰好《かっこう》を得《う》る処《ところ》、即《すなわ》ち過去将来を弁《あわせ》て、亦 自《おのずか》ら恰好を得んのみ。

人が物事をする時には、眼前の事に手ぬかりが多いのに、むやみに将来の事を考えめぐらすものである。それは譬《たと》えると、旅人があくせくして行き先のことを考えるようなもので、甚《はなは》だよろしくないことである。人はまず眼前の事を処理すべきである。すなわち、平素家にいる時は礼儀正しくし、仕事をする時は過失の無いよう慎み、言葉は真実で偽《いつわ》りが無く、行いは真面目で慎み深く、寝る時は死人のような寝姿をなさず、平常ひまな時はことさらに容《かたち》を作らず、寝る時も食事の時も道に違《たが》うこと無く、わずかの間（造次顚沛）でも人の道を離れないなどは、総《すべ》て当面なすべき事である。その時その時の事柄を処理して、丁度うまく行くようにすると、過去から将来まで、自然にほどよく事を処理することができるものである。

（言志後録一三二）

二六　敬を以て動静を一貫

❖静《せい》を好み動《どう》を厭《いと》う、之《これ》を懦《だ》と謂《い》い、動を好み静を厭う、之を躁《そう》と謂う。躁は物を鎮《しず》むる能《あた》わず。懦は事を了《りょう》する能わず。唯《た》だ敬以《もっ》て動静を貫き、躁ならず懦ならず。然《しか》る後能《よ》く物を鎮《しず》め事を了す。

静を好んで動（静中の動）を嫌《いや》がる者は、これを臆病者とも怠け者《なまもの》（懦）ともいう。その反対に、動を好んで静（動中の静）を嫌《きら》う者は、これを慌《あわ》て者《もの》とも騒がしく落着かぬ者（躁）ともいう。慌て者は物事を鎮静させることはできないし、怠け者は物事を成就させることはできない。ただ、恭敬な態度で、動にも静にも偏《かたよ》らず、慌て者でもなく怠け者でもない者が、はじめて物事を鎮め物事を成就することができるのである。

（言志後録一三八）

二七　字の無い書を読め

❖学は自得《じとく》するを貴《たっと》ぶ。人は徒《いたず》らに目を以《もっ》て字有るの書を読む。故《ゆえ》に字に局《きょく》して、通透《つうとう》するを得ず。当《まさ》に心を以て字無きの書を読むべし。乃《すなわ》ち洞《どう》して自得する有らん。

学問は自《みずか》ら心に会得することが大切である。しかるに、世の中の人々はいたずらに目で文字で書かれた書物だけを読むから、文字に拘束されて、紙背《しはい》にある物事の道理を明らかにすることができない。心眼《しんがん》を開いて、字で書かれていない書物、すなわち実社会の色々な事柄を心読《しんどく》して修養に資《し》するようにしなければいけない。そのようにすれば、深く自分の心に会得する所があるだろう。

二八　月や花を観るのは

❖月を看《み》るは、清気《せいき》を観《み》るなり。円缺晴翳《えんけつせいえい》の間に在《あ》らず。花を看るは、生意《せいい》を観るなり。紅紫《こうし》香臭《こうしゅう》の外《ほか》に存《そん》す。

（言志後録一四〇）

夜の月を眺めるのは、清明な気を観賞して楽しむにあるので、月が円くなったり、欠けたり、晴れたり、かげったり（円缺晴翳）するのを見るのではない。咲いた花を見るのは、その生き生きした花の心を観賞して楽しむにあるので、花の紅や紫の色とか、花の香りなどは問題外である。

二九　読書も心学

❖読書も亦《また》心学なり。必ず寧静《ねいせい》を以《もっ》てして、躁心《そうしん》を以てする勿《なか》れ。必ず沈実《ちんじつ》を以て

（言志後録一四四）

して、浮心《ふしん》を以てする勿れ。必ず精深《せいしん》を以てして、粗心《そしん》を以てする勿れ。必ず荘《そう》敬《けい》を以てして、慢心《まんしん》を以てする勿れ。

読書もまた精神修養の学問である。それで、必ず安静な心で読むべきで、騒がしい心で読んではいけない。必ず落ち着いた真面目（沈実）な心で読むべきで、浮わついた心で読んではいけない。必ず精しく深く究《きわ》める心で読むべきで、粗雑な心で読んではいけない。必ずおごそかで慎みのある心で読むべきで、おごりたかぶった心で読んではいけない。

（言志後録一五一）

三〇　耳で見、目で聴け

❖瞽目《こもく》は能《よ》く耳を以て物を視《み》、聾瘂《ろうあ》は能く目を以て物を聴《き》く。人心の霊の頼《たの》むに足《た》る者此《かく》の如《ごと》し。

盲人は目は見えないが、耳でよく物を見ることができる。耳の不自由な人は聴こえないが、目でよく物を聴くことができる。人の心の霊妙なはたらきが頼りになることは、このようなものである。

三一　性急な人を使うには

❖人、或いは性迫切《はくせつ》にして事を担当するを好む者有り。之《これ》を駆使するは卻《かえ》って難《かた》し。迫切なる者は多くは執拗《しつよう》なり。全《まった》きを挙げて以《もっ》て之に委《ゆだ》ぬ可《べ》からず。宜《よろ》しく半《なかば》を割《さ》きて以て之に任ずべし。

（言志後録一八九）

人には、性質がせっかち（迫切）であって、そのうえ何事でも自分で引き受けてやることの好きな人がいる。このような人を使うのは、かえって難しい。せっかちな人はたいてい片意地な人であるから、仕事を全部まかすことはできない。半分ほどまかしておくがよい。

三二　適材を適所に

❖人各《おの》おの能有り。器使《きし》す可《べ》からざる無し。一技一芸は皆至理《しり》を寓《ぐう》す。詞章筆札《ししょうひっさつ》の如《ごと》きも亦《また》是れ芸なり。蓋《けだ》し器使中の一のみ。

（言志後録二一六）

人には各々《おのおの》違った才能があるから、その才能（長所）に従って使う（器使）と、使うことのできない人はいないものである。一つの技《わざ》にも一つの芸にも、みな立派な道理が宿《やど》っている。詩や歌を作り文章や手紙を書くようなことも、これまた一つの芸といえる。思うに、これも才能に応じて使うことのできる中の一つに過ぎない。

三三　人を欺くな

❖財を運《めぐ》らすに道《みち》有り。人を欺《あざむ》かざるに在《あ》り。人を欺かざるは、自《みずか》ら欺かざるに在り。

（言志後録二三二）

財貨をうまく運用する要道（大切な方法）は、人を偽《いつわ》らない（信用を得る）ことにある。人を偽らないということは、結局、自分自身を偽らないことである。

三四　我れと物とは気なり

❖認めて以て我れと為《な》す者は気なり。認めて以て物と為す者も気なり。其《そ》の我れと物と皆気たるを知る者は、気の霊なり。霊は即《すなわ》ち心なり。其の本体は性なり。

（言志晩録一一）

我れと認めるものは気であるが、また物と認めるものも気である。その我れ（主観）も物

（客観）も共に気であることを知るものは気の霊である。その霊は、すなわち心なのである。その心の本体は性である。

三五　文章は人柄を表現

❖文詞《ぶんし》は以て其《そ》の人と為《な》りを見る可《べ》し。況《いわん》や復《ま》た後に留貽《りゅうい》するをや。宜《よろ》しく脩辞《しゅうじ》立誠《りっせい》を以て眼目《がんもく》と為すべし。

（言志晩録五二）

文章によって、その人の性質（人柄）を見ることができる。ましてそれが後世までも残るものであるから、文字の使い方をよく工夫し、誠実な心を表現すること（脩辞立誠）を眼目とすることが望ましい。

三六　人の長所を視るべし

❖我れは当《まさ》に人の長処《ちょうしょ》を視《み》るべし。人の短処《たんしょ》を視ること勿《なか》れ。短処を視れば則《すなわ》ち我れ彼に勝《まさ》り、我れに於《お》いて益《えき》無し。長処を視れば則ち彼我《わ》れに勝り、我れに於

（言志晩録七〇）

いて益有り。

人を視る場合には、人の優《すぐ》れた所を視るべきで、欠点を視てはいけない。人の短処を視ると、自分が彼に優れているにしても、自分には利する所がない。人の長処を見ると、彼が自分に優《まさ》っているので、自分にとって何かと利する所がある。

（言志晩録七二）

三七　悟りは言慮を絶す

❖目に観《み》る者は、口能《よ》く之《これ》を言う。耳に聞く者は、口能く之を言う。心に得《う》る者に至りては、則ち口言う能《あた》わず。即《も》し能く言うとも、亦止《た》だ一端のみ。学者の逆《むか》えて之《これ》を得るに在《あ》り。

目で見たものは、口でよく説明することができるし、耳で聞いたものも、同じく口でよく説明することができるが、しかし、心に自得《じとく》したもの（心に悟ったもの）になると、とても口で説明することはでき難《がた》いものである。もし説明し得たとしても、それはほんの一部分だけに止《とど》まる。それで、学問に志す者は、自分の心で相手の心を推量して会得することである。

三八　水清ければ魚棲《す》まず

❖「水至って清ければ、則ち魚《うお》無く、木直《ちょく》に過ぐれば、則ち蔭《かげ》無し」とは、政《まつりごと》を為《な》す者の深戒《しんかい》なり。

（言志晩録一三六）

「水があまり清く澄んでいると魚はすまないし、木があまり真直ぐだと蔭ができない」とは、物事は度を過ぎると良くないということであるが、これは為政者《いせいしゃ》に対する深い戒めである。

三九　上役に対しては

❖官長を視《み》ること、猶《な》お父兄のごとくして、宜《よろ》しく敬順を主とすべし。吾《わ》が議若《も》し合《あ》わざること有らば、宜しく姑《しばら》く前言を置き、地を替《か》えて商思《しょうし》すべし。竟《つい》に不可なること有らば、則ち苟従《こうじゅう》す可《べ》きに非《あら》ず。必ず当《まさ》に和悦《わえつ》して争い、敢《あえ》て易慢《いまん》の心を生《しょう》ぜざるべし。

（言志晩録一四八）

上役の人に対する心得としては、あたかも父兄に対するように、敬《うやま》い順《したが》うことを第一とするがよい。もし自分の意見が上役と合わないことがあったならば、しばらくの間、前に言ったことをそのままにしておいて、立場をかえて自分が上役になったつもりで、よく考えてみる（商思）がよい。どうしても、上役の言うことによくない所があるならば、決して軽々《かるがる》しく従ってはいけない。この場合には、必ず顔色をやわらげ、にこにこして互いに論じ合い、決して上役をあなどる（易慢）心を起こさないようにしなければならない。

（言志晩録一六二）

四〇　中庸を守れ

❖公私は事《こと》に在《あ》り、又情《じょう》に在り。事公《ことおおやけ》にして情私《じょうわたくし》なる者之《こ》れ有り、事私にして情公なる者も之れ有り。政《まつりごと》を為《な》す者、宜《よろ》しく人情事理軽重《にんじょうじりけいちょう》の処《ところ》を権衡《けんこう》して、以《もっ》て其の中《ちゅう》を民《たみ》に用うべし。

公と私は、物事にもあるし、また人情にもある。物事は公的なものであって私情がそれに伴うものがあり、物事は私的なものであって公情がそれに伴う場合もある。政治を担当する者は、よく人情と事理との軽重の度合い（権衡）を考え、その中ほどの良い所を国民に施行するのがよい。

四一　敬の有る無し

❖敬を持《じ》する者は火《ひ》の如《ごと》し。人をして畏《おそ》れて之《これ》を親しむ可《べ》からしむ。敬せざる者は水《みず》の如し。人をして狎《な》れて之に溺《おぼ》る可からしむ。

（言志晩録一七四）

常に慎み敬《うやま》う人はあたかも火のようなものである。人は畏れるけれども、親しむべき人として敬う。慎み敬うことのない人はあたかも水のようなものである。なれ親しみ易《やす》いけれども、人からは軽蔑《けいべつ》されてしまう。

四二　欺かざれば欺かれず

❖人を欺《あざむ》かざる者は、人も亦敢《あ》えて欺かず。人を欺く者は、卻《かえ》って人の欺く所と為《な》る。

（言志晩録二〇九）

人をいつわらない者は、人もまた決していつわらない。人をいつわる者は、かえって、人にいつわられるものである。

四三　自重すべし

❖石《いし》重し、故《ゆえ》に動かず。根《ね》深し、故に抜《ぬ》けず。人は当《まさ》に自重《じちょう》を知るべし。

（言志晩録二二一）

石は重さがあるからして容易に動かないし、大木は根が深いからして容易に抜けることがない。人間もこれと同じように、自分の行いを慎んで、軽々《かるがる》しい振る舞いをしないように心得なければならない。

四四　本当の孝と忠

❖真孝《しんこう》は孝を忘る。念念《ねんねんこ》是れ孝。真忠《しんちゅう》は忠を忘る。念念是れ忠。

（言志晩録二二七）

本当の孝行というものは、孝行であることを忘れている。常に心に思う（念念）ことが孝行なのである。本当の忠義というものは、忠義であることを忘れている。常に心に思うことが忠義なのである。

四五　心・躬・言の三教

❖教《おし》えに三等《とう》有り。心教《しんきよう》は化《か》なり。躬《きゆう》教《きよう》は迹《せき》なり。言教《げんきよう》は則《すなわ》ち言に資《し》す。孔子《こうし》曰《いわ》く、「予《よ》言う無からんと欲《ほっ》す」と。蓋《けだ》し心教を以《もっ》て尚《しよう》と為《な》すなり。

（言志耋録一二）

教え諭《さと》すには三つの段階がある。第一に心教であるが、これは心をもって感化するところの教えである。第二は躬教であって、これは師が実践する行いを真似《まね》させる教えである。第三は言教であって、これは言葉によって諭す教えである。ところで、孔子は「自分は言葉で諭すことはしたくない」といわれたが、思うに、これは心教を最上の教えとしていたのであろう。

四六　仮有《けう》に執着するな

❖無能の知は是《こ》れ冥想《めいそう》にして、無知の能は是れ妄動《もうどう》なり。学者宜《よろ》しく仮景《かけい》を認めて、以《もっ》て真景《しんけい》と做《な》す勿《なか》るべし。

（言志耋録一一）

実行する能力が無くして、ただ知っているだけなら、それは空想であり妄想である。智慧

（判断力）が無くて行うのは、分別無く行動すること（妄動）である。学問に志す者は、仮の姿を見て実際の物と思ってはいけない。

四七　書かざる文字の書を読む

❖学を為《な》すの初《はじ》めは固《もと》より当《まさ》に有字《ゆうじ》の書を読むべし。学を為すこと之《こ》れ熟《じゅく》すれば、則《すなわ》ち宜《よろ》しく無字《むじ》の書を読むべし。

（言志耋録一五）

学問を始める場合には、もちろん文字で書かれた書物を読まなければならない。学問がしだいに上達してくると、文字で書かれていない書物、すなわち真理を宿《やど》している自然物を心《しん》読《どく》しなければいけない。

四八　心で見聞すべし

❖視《み》るに目を以《もっ》てすれば則《すなわ》ち暗《くら》く、視るに心を以てすれば則ち明《めい》なり。聴《き》くに耳を以てすれば則ち惑《まど》い、聴くに心を以てすれば則ち聡《そう》なり。言動も亦《また》同一の理な

（言志耋録七一）

り。

ただ目だけで物を見ると、物の真相はわからないが、心をもって見ると、物の実相《じっそう》が明らかに見られる。また、ただ耳だけで物を聞くと、物の真相はわかりかねるが、心をもって聞くと、物の実相がよく聞きとれる。言葉や動作についても道理は同じである。

四九　楽しみは心にあり

❖人は須《すべか》らく快楽なるを要すべし。快楽は心に在《あ》りて事に在らず。

（言志耋録七五）

人は心に楽しむところがなければいけない。楽しみは心の中にあって、自分以外の物にあるのではない。

五〇　万法一に帰す

❖災祥《さいしょう》は是《こ》れ順逆の数、弔賀《ちょうが》は是れ相待《そうたい》の詞《し》、之《これ》を本始《ほんし》に帰《き》すれば、則《すなわ》ち弔賀も無く、又災祥も無きのみ。

（言志耋録八八）

災《わざわい》と祥《さいわい》とは順と逆の運命である。弔《とむらい》と賀《よろこび》とは相対する言葉である。これらは相対的・差別的なものであって、これを絶対的・平等的な根源に帰するならば、災と祥、弔と賀を超越して、無差別平等の一如《いちじょ》となってしまう。

五一　感応する心

❖天《てん》の将《まさ》に雨ふらんとするや、穴蟻《けつぎ》之《これ》を知り、野《の》の将に霜《しも》ふらんとするや、草虫《そうちゅう》之《これ》を知る。人心の感応《かんおう》有るも、亦此《これ》と同一理なり。

（言志耋録一一六）

天が雨を降らそうとする時には穴の中の蟻《あり》がこれを予知したり、野原に霜がおりようとする時には草の中の虫がこれを予知したりする。人間の心が物事に感応することのあるのも、これとまったく同一の道理である。

五二　徳で教化

❖口舌《こうぜつ》を以《もっ》て論《さと》す者は、人従うことを肯《がえん》ぜず。躬行《きゅうこう》を以て率《ひき》いる者は、人効《なら》いて

（言志耋録一一五）

之《これ》に従う。道徳を以て化《か》する者は、則《すなわ》ち人、自然に服従して痕迹《こんせき》を見ず。

口先だけで人を諭そうとする者には、人は心から服従しない。しかし、自ら実践垂範（躬行）して人を先導していく者には、人はこれを見習って服従していく。道徳をもって人を教化する者には、人は自然に心から服従して、無理なところが少しもない。

（言志耋録一七六）

五三　自と他は一体一枚

❖人己《じんこ》は一なり。自《みずか》ら知りて人を知らざるは、未《いま》だ自ら知らざる者なり。自ら愛して人を愛せざるは、未だ自ら愛せざる者なり。

他人と自分とは同一である。自分が自分を知って他人を知らないというのは、まだ自分が自分を知らないのである。また、自分が自分を愛して他人を愛さないというのは、まだ自分が自分を愛していないのである。

五四　人は同を喜び、己は異を好む

❖凡《およ》そ人は同《どう》を喜んで異《い》を喜ばず。余は異を好んで同を好まず。何《なん》ぞや。同異は相《あい》背《そむ》くが如《ごと》しと雖《いえど》も、而《しか》も其の相資《あいし》する者は、必ず相背く者に在《あ》り。仮《たと》えば水火《すいか》の如し。水は物を生《しょう》じ火は物を滅《めっ》す。水、物を生ぜざれば、則ち火も亦之《これ》を滅する能《あた》わず。火、物を滅せざれば、則ち水も亦之を生ずる能わず。故《ゆえ》に水火相逮《あいおよ》んで、而《しか》る後に万物の生生窮《せいせいきわま》り無きなり。此《こ》の理知らざる可《べ》からず。

（言志耋録一八六）

総《すべ》て人は自分と性格や趣味の同じ人を喜び好んで、自分と異なった人を喜ばないが、自分は反対に自分と異なる人を好んで、自分と同じ人を好まない。それは何故《なにゆえ》であるか。それは自分との異同は相反するようであるが、互いに助け合うものは、必ず相反するものにある。たとえば、水と火のようなものである。水は物を生ぜしめ、火は物を消滅させる。もしも水が物を生ぜしめなければ、火もまた物を消滅させることはできない。火が物を消滅させせなければ、水もまた物を生ぜしめることができない。それで、水と火とが相互に助け合って後、万物がつぎつぎと発生して窮まりがない。この道理をよく知らなければいけない。

五五　実体を見ぬく

❖遊惰《ゆうだ》を認めて以《もっ》て寛裕《かんゆう》と為《な》すこと勿《なか》れ。厳刻《げんこく》を認めて以て直諒《ちょくりょう》と為すこと勿れ。私欲《しよく》を認めて以て志願《しがん》と為すこと勿れ。

（言志耋録二一〇）

遊びなまけている所を見て、心が広くてゆったりしていると考えてはいけない。厳し過ぎる（厳刻）のを見て、正直で誠実（直諒）であると考えてはいけない。利己的な欲望を見て、ある事を志してその実現を念願していると考えてはいけない。

五六　毀誉は鏡中の影法師

❖我れ自《みずか》ら面貌《めんぼう》の好醜《こうしゅう》を知らず。必ず鏡に対して而《しか》る後に之《これ》を知る。人の我れを毀《き》誉《よ》するは、則《すなわ》ち是《こ》れ鏡中《きょうちゅう》の影子《えいし》なり。我れに於《お》いて益有り。

（言志耋録二一九）

自分は自分の顔形《かおかたち》がよいか悪いかを知ることはできない。必ず鏡に向かってはじめて知るのである。人が自分をそしったり誉《ほ》めたりするのは、鏡に映る自分の影法師であって、これが自己反省の資《し》となって、自分にとって益がある。

五七　清きものは心を洗う

❖色の清き者は観《み》る可《べ》く、声の清き者は聴《き》く可く、水の清き者は嗽《くちすす》ぐ可く、風の清き者は当《あ》たる可く、味の清き者は嗜《たしな》む可く、臭《におい》の清き者は嗅《か》ぐ可し。凡《およ》そ清き者は皆以《もっ》て吾《わ》が心を洗うに足《た》る。

（言志耋録二八二）

色の清らかなものは観るのによいし、声の清らかなものは聴くのによいし、水の清らかなものは口をすすぐのによいし、風の清らかなものは吹かれるのによいし、味の清らかなものは嗜むのによいし、香りの清らかなものは嗅ぐのによい。このように、総《すべ》て清らかなものは、われわれの心を洗い清めるに足る。

五八　少・壮・老の心得

❖少者は少に狃《な》るる勿《なか》れ。壮者は壮に任《にん》ずる勿れ。老者は老に頼《たの》む勿れ。

（言志耋録三二一）

若い者はいつまでも若いと思ってはいけない。壮年の者は元気の旺盛《おうせい》なのにまかせて無理をしてはいけない。老人は年の功（年をとり経験を多くつむこと）を口実にして依頼心を起こしてはいけない。

第Ⅲ章　心を見つめる

一　立志の功

❖立志の功は、恥を知るを以《もっ》て要と為《な》す。

（言志録七）

志を立てて成績をあげるためには、外（周囲の人々）からも、または内（自分）からも恥辱《ちじょく》を受けて発憤することが肝要なことである。

二　省察すべし

❖人は須《すべか》らく自《みずか》ら省察《せいさつ》すべし。「天は何の故《ゆえ》に我が身を生み出し、我れをして果たして何の用に供《きょう》せしむとする。我れ既《すで》に天の物なりとせば、必ず天の役《やく》あらん。天の役共《きょう》せずんば、天の咎《とが》必ず至らん」と。省察して此《ここ》に到《いた》れば、則《すなわ》ち我が身の苟《いやし》くも生く可《い》からざるを知らん。

（言志録一〇）

人間はだれでも皆、次の事を反省し考察（省察）しなければいけない。「天は何故《なぜ》に自分を此《こ》の世に生み出したのか。また天は我れに何の用をさせようとするのか。自分は既に天の生ぜしめた物であるから、必ず天の命ずる職務がある。この天職（使命）を果たしていかなければ、天罰が必ずくる」と。ここまで、反省し考察してくると、自分は何もせずに、ただぼんやりとなんとなく生活すべきではないということがわかるであろう。

三　心塞《ふさが》ると百慮誤る

❖心下《しんか》痞塞《ひそく》すれば、百慮《りよ》皆錯《あやま》る。（言志録二一）

心の奥底がつかえふさがっている（痞塞）と、総《すべ》ての考えがことごとく誤ったものとなる。

四　己に厳格、人に寛容

❖自《みずか》ら責むること厳なる者は、人を責むることも亦《また》厳なり。人を恕《じょ》すること寛《かん》なる者は、自ら恕することも亦寛なり。皆一偏《ぺん》たるを免《まぬが》れず。君子《くんし》は則《すなわ》ち躬《み》自ら厚《あつ》うして、薄く人を責む。（言志録三〇）

自分の過失を責め咎《とが》めることの厳しい人は、他人の過失を責める場合も厳格である。また他人の過失に対して思いやる（恕）ことの寛容な人は、自分の過失に対して思いやることも寛大である。厳格に過ぎるか寛大に流れるか、一方に偏している人が多いが、教養のある立派な君子は、自分を責めること厳格で、他人を責めること寛大である。

五　名人は心が通じ合う

❖一芸の士は、皆語る可《べ》し。（言志録六一）

一芸に秀《ひい》でた名人という者は、みな共にその道を語りあうことができるものだ。

六　才能は剣の如し

❖才は猶《な》お剣《つるぎ》のごとし。善《よ》く之《これ》を用うれば、則《すなわ》ち以《もっ》て身を衛《まも》るに足《た》る。善く之を用いざれば、則ち以て身を殺すに足る。（言志録六四）

才能は、ちょうど剣のようなものである。これを良く用いたならば、身を守ることができるが、しかし良く用いない場合には、かえって自分の身を殺すことにもなりかねない。

七　花の開くのは

❖已《や》むを得《え》ざるに薄《せま》りて、而《しか》る後に諸《これ》を外に発《はっ》するは、花なり。

（言志録九二）

やむにやまれないことになって、はじめて蕾《つぼみ》を打ち破って外に開くのは花である。

八　無用の用

❖凡《およ》そ年間の人事万端、算《かぞ》え来《きた》れば十中の七は無用なり。但《た》だ人平世《へいせい》に処《お》り、心寄《よ》する所無ければ、則《すなわ》ち間居《かんきよ》して不善を為《な》すことも亦《また》少なからず。今貴賤男女を連《つら》ね、率《おおむ》ね無用に纏綿《てんめん》駆役《えき》せられて、以て日を渉《わた》れば、則ち念《おも》い不善に及ぶ者、或いは少なし。此《ここ》も亦其の用ある処《ところ》。蓋《けだ》し治安の世界には然《しか》らざるを得ざるも、亦理勢《りせい》なり。

（言志録一〇六）

だいたい、一年間の仕事は種々さまざまであるが、これを算えると十の中《うち》の七つは無用なことである。ただ人は平和な世の中にいて、心を寄せる所が無ければ、人にかくれてこっそりと、悪いことをすることも少なくない。今の世の身分の貴い人も低い人も男も女も、だいたい無用のことで、それにまといつかれ（纏綿）、追いまわされて生活しておれば、悪いことをしようと考えることが少ない。これもまた無用の用といえる。思うに、平和な世の中においては、そうならざるを得ないことも、また自然のなりゆきといえる。

九　欲にも善悪あり

❖人身《じんしん》の生気は、乃《すなわ》ち地気の精なり。故《ゆえ》に生物必ず欲有り。地、善悪を兼《か》ぬ。故に欲も亦《また》善悪有り。

（言志録一一一）

人間の肉体のいきいきした気力（活気）は、これこそ地の気の精髄である。それ故に、生物には必ず欲がある。地は善悪を合わせもっているから、欲にも善と悪とがある。

一〇　欲を制せよ

❖草木《そうもく》の生気有りて、日に暢茂《ちょうも》するは、是《こ》れ其《そ》の欲なり。其の枝葉《しよう》の長ずる所に従えば、則《すなわ》ち欲漏《も》る。故《ゆえ》に其の枝葉を伐《き》れば、則ち生気、根《こん》に反《かえ》りて幹《かん》乃《すなわ》ち大な

（言志録一一二）

り。人の如きも亦軀殻《くかく》の欲に従えば、則ち欲漏る。欲漏るれば則ち神《しん》、耗《もう》して霊なる能《あた》わざるなり。故に欲を外に窒《ふさ》げば、則ち生気内に畜《たくわ》えられて心乃《すなわ》ち霊に、身も亦健なり。

（言志録一一〇）

草木が生き生きした気力があって、日に日にのび茂るのは草木の欲である。その枝葉の生長するがままに任せておけば、欲が漏れてしまう。それ故に、草木の枝葉を伐採すれば、その活気が根《ね》に返って、幹《みき》に栄養が行って太く大きくなる。人間も肉体の欲のなすがままにするならば、欲が漏れて無くなる。その欲が漏れ出るならば、精神が消耗《しょうもう》してしまって霊妙なる精神作用ができなくなってしまう。故に、欲が外部に漏れ出るのを防いでしまうならば、活気が内に蓄積されて、心はそこで霊妙な働きができ、それに従って身体も健康を保つことができる。

一一　自己を失えば

❖己《おのれ》を喪《うしな》えば、斯《ここ》に人を喪う。人を喪えば、斯に物を喪う。

自己を失う（自分の身を損《そこな》い、すてて顧みなくなる）と、周囲の人々が自分から離れてしまう。人を失ってしまうと、物を失う（万事休する）ことになって、遂《つい》に自滅してしまう。

一二　誠の心

❖雲烟《うんえん》は已《や》むを得ざるに聚《あつま》り、風雨は已むを得ざるに洩《も》れ、雷霆《らいてい》は已むを得ざるに震《ふる》う。斯《ここ》に以て至誠の作用を観《み》る可《べ》し。

（言志録一二四）

雲や煙はやむを得ずして集まり来《きた》り、風や雨も同じくやむを得ずして吹いたり降ったりするし、また雷も同じくやむを得ずして震動する。このように、人の真心（誠の心）は自然に働き出すものである。

一三　信用を得る

❖信を人に取ること難《かた》し。人は口を信ぜずして躬《み》を信じ、躬を信ぜずして心を信ず。是《ここ》を以《もっ》て難し。

（言志録一四八）

人から信用を得ることは容易なことではない。人は口から出る言葉を信用せずに、その人の行いを信用する。実は行いを信用しないで、心を信用する。自分の心というものを、人に示すことはなかなか難しいので、人を信用させることはとても難しいことである。

一四　敬（一）

❖妄念《もうねん》を起さざるは是《こ》れ敬にして、妄念起らざるは是れ誠《まこと》なり。

（言志録一五四）

心にみだらな考えを起こさないのが敬ということであり、みだらな考えが起こらないというのが誠なのである。

一五　敬（二）

❖敬すれば則《すなわ》ち心精明《せいめい》なり。

（言志録一五七）

慎みうやまうという敬の心を持っておれば、心は明鏡の如《ごと》く汚《けが》れもなく純粋にしてはっきりしている。

一六　敬（三）

❖居敬《きよけい》の功は最も慎独《しんどく》に在《あ》り。人有るを以《もっ》て之《これ》を敬するならば、則《すなわ》ち人無き時は敬せざらん。人無き時自《みずか》ら敬すれば、則ち人有る時は尤《もっと》も敬す。故《ゆえ》に古人の「屋漏《おくろう》にも愧《は》じず、闇室《あんしつ》をも欺《あざむ》かず」とは、皆慎独を謂《い》うなり。

（言志耋録九一）

常に敬の心を存する工夫修養は、独り居る場合でも、道に背《そむ》かぬようにすることが最も大切である。人が居るからというので慎むならば、人が居ない時には慎まないであろう。人が居ない時に自ら慎むのであれば、人の居る時にはなお一層《いっそう》慎むことであろう。それで、『詩経』に「屋漏に愧じず」（人が見ない所でも恥じる行動をしない）とあり、程子《ていし》も「闇室を欺かず」（暗い処《ところ》でも良心を欺くことをしない）といっているのは、独り居る時でも慎んでいくこと（慎独）を説いているのである。

一七　まず心が問題

❖枚乗曰《ばいじょういわ》く、「人の聞く無きを欲《ほっ》せば、言う勿《な》きに若《し》くは莫《な》く、人の知る無きを欲

（言志録一九一）

することは、為《な》すこと勿きに若くは莫し」と。薛文清《せつぶんせい》以て名言と為《な》す。余は則ち以て未《いま》だしと為す。凡《およ》そ事は当《まさ》に其の心の何如《いかん》を問うべし。心苟《いやし》くも物有れば、己《おのれ》言わずと雖《いえど》も、人将《まさ》に之《これ》を聞かんとす。人聞かずと雖も、鬼神《きしん》将に之を闞《うかが》わんとす。

（言志録二〇五）

前漢の名臣枚乗が「人に聞かれたくないと望むならば、言わないにこしたことはない。また、人に知られたくないと思うならば、しないにこしたことはない」といっている。明《みん》代の儒者薛文清が、この語を名言であるとほめている（『従政名言』）が、私（一斎）は、まだ十分でないと思っている。およそ物事は、それをなす人の心のいかんを問題にすべきである。もし心に一物《いちもつ》があったならば、自分は言わなくとも、人の耳に入るであろうし、また人の耳に入らなくとも、鬼神がこれを窺《うかが》い知ろうとするであろう。

一八　善と悪

❖看来《みきた》れば宇宙内の事、曷《なん》ぞ嘗《かつ》て悪有らん。過不及《かふきゅう》有る処《ところ》則《すなわ》ち是《こ》れ悪なり。看来れば宇宙内の事、曷ぞ嘗て善有らん。過不及無き処即ち是れ善なり。

よく見てみると、この世の中のことで、どうして悪というものがあろうか、悪はない。過ぎたり、及ばなかったりするのは、中正《ちゅうせい》を得ていないから悪なのである。また、よく見てみると、同じくこの世の中のことで、どうして善というものがあろうか、善はない。過ぎたり及ばなかったりしないのは、中庸《ちゅうよう》を得ているから善なのである。

一九　心の本体

❖深夜闇室《あんしつ》に独坐《どくざ》すれば、群動《ぐんどう》皆息《や》み、形影倶《けいえいとも》に泯《ほろ》ぶ。是《ここ》に於《お》いて反観《はんかん》すれば、但《た》だ方寸の内烱然《けいぜん》として自《みずか》ら照す者有るを覚え、恰《あたか》も一点の燈火闇室を照破《しょうは》するが如し。認め得たり、此《こ》れ正に是《こ》れ我が神光霊昭の本体なるを。性命は即ち此の物。

（言志録二一四）

夜中、暗い室《へや》にただ独り坐っていると、さまざまな物の動きが止《や》んでしまって、形も影もまったく見られない。ここでふりかえって見ると、心（方寸）の中に何か明らかに照らすものがある。それはあたかも、一つの燈火が闇室を照らすようである。これが正しくわが精神の霊光、すなわち霊々昭々たる心の本体であることに気付いた。『中庸《ちゅうよう》』でいう所の性命というものはこのものである。

二〇　公務員の心得（一）

❖官に居《お》るに、好ましき字面《じめん》四有り。公《こう》の字、正《せい》の字、清《せい》の字、敬《けい》の字。能《よ》く之を守らば、以《もっ》て過《か》無かる可《べ》し。好ましからざる字面も亦四有り。私《し》の字、邪《じゃ》の字、濁《だく》の字、傲《ごう》の字。苟《いやし》くも之を犯せば、皆禍《か》を取るの道なり。

（言志後録一四）

官職にある者にとって好ましい文字が四つある。公・正・清・敬の四字である。公は公平無私を、正は正直を、清は清廉潔白を、敬は敬慎を意味する。よくこの四つの事を守っていけば決して過失《あやまち》を犯すことはない。また、好ましくない文字も四つある。私・邪・濁・傲の四字である。私は不公平を、邪は邪悪を、濁は不品行を、傲は傲慢《ごうまん》（おごりたかぶること）を意味する。かりにもこの四つの事を犯したならば、みな 禍《わざわい》 を招くことになる。

二一　公務員の心得（二）

❖敬忠・寛厚・信義・公平・廉清《れんせい》・謙抑《けんよく》の六事十二字は、官に居《お》る者の宜《よろ》しく守るべき所なり。

（言志後録一九七）

敬忠（尊敬・忠実）、寛厚（心が広くて温厚）、信義（誠実で正しい）、公平（公明正大）、廉清（心が潔白）、謙抑（謙遜《けんそん》して自分を抑制）の六事項十二字は、官職にある者よく守るがよい。

二二　人生の妙味

❖山水《さんすい》の遊ぶ可《べ》く観《み》る可き者は、必ず是《こ》れ畳嶂《じょうしょう》・攢峰《さんぽう》、必ず是れ激流・急湍《きゅうたん》、必ず是れ深林《しんりん》・長谷《ちょうこく》、必ず是れ懸崖《けんがい》・絶港《ぜっこう》。凡《およ》そ其の紫翠《しすい》の蒙密《もうみつ》、雲烟《うんえん》の変態、遠近相取り、険易《けんい》相錯《まじわ》りて、然《しか》る後に幽致《ゆうち》の賞するに耐《た》えたる有り。最も坤輿《こんよ》の文《ぶん》たるを見る。若《も》し唯《た》だ一山有り、一水有るのみならば、則《すなわ》ち何の奇趣か之《こ》れ有らん。人世《じんせい》も亦猶《な》お是《かく》のごとし。

（言志後録二一六）

山水に遊んで観る価値のあるものといえば、重なり集まった山とか、激流や急な早瀬とか、深い森林や長く続く渓谷とか、切りたった崖や離れた港とかである。また、紫色の山に緑色の草木がこんもりと茂っているのや、雲や霞が色々と変化する状態や、遠近の山々が相映じ、険《けわ》しい山、平坦な土地が相交わり、そうして後はじめて静かで奥深い趣《おもむき》の観賞に値するものがあるのである。ここにおいて、まことに大地の美しい綾《あや》を眺めることができる。もしただ山が一つとか川が一つとかあるだけであれば、何のすぐれた趣があろうか。人生もまたこのようなものである。

(言志後録二一七)

二三　死生は一気の消息

❖物には栄枯《えいこ》有り、人には死生《しせい》有り。即《すなわ》ち生生之易《これえき》なり。須《すべか》らく知るべし、軀殻《くかくこ》是れ地、性命是れ天なるを。天地未《いま》だ曽《かつ》て死生有らずば、則ち人物何ぞ曽て死生有らんや。死生・栄枯は只《た》だ是《こ》れ一気の消息盈虚《えいきよ》なり。此《こ》れを知れば、則ち昼夜の道に通じて知る。

物には栄えたり枯れたりすることがあり、人間には生まれたり死んだりすることがある。総《すべ》て生々変化してやむことがない。人間の肉体は地に属し、性命（天から授かった性質や運命）は天に属していることを知らなければならない。この天地には死も生も無いのである。だから、人にも物にも死生があろうか、あるはずがない。死生とか栄枯とかいうが、これはただ一つの気が生じ満ちたのが生であり栄であり、一つの気が消え無くなったのが死であり枯である。この道理が了解できれば、昼夜（陰陽）交替の道理に通じたといえる。

（言志後録五四）

二四　万物ことごとく滅す

❖火は滅《めっ》し、水は涸《か》れ、人は死《し》す。皆迹《せき》なり。

燃えている火は消え、水は尽きはてて無くなり、生きた人間は老いて病死していく。これらは総《すべ》て天地万象の消長変化のあと（足跡）である。

（言志後録六一）

二五　事を処理するには

❖人情・事変、或《ある》いは深看《しんかん》を做《な》して之《これ》を処すれば、卻《かえ》って失当《しっとう》の者有り。大抵軽看《たいていけいかん》して区処すれば、肯綮《こうけい》に中《あた》る者少なからず。

人間の心情や出来事などは、これを深く考えこんで処置（解決）しようとすると、かえって理に合わずやりそこなうことがある。たいていの場合は、気軽にあっさりと処置すれば、それがかえって要領（肯綮）を得ることが少なくない。

（言志後録六九）

二六　苦楽を超越する

❖人生には貴賤有り貧富有り。亦各《またおの》おの其の苦楽有り。必ずしも富貴は楽しくて貧賤は苦しと謂《い》わず。蓋《けだ》し其《そ》の苦処より之《これ》を言えば、何《いず》れか苦しからざる莫《な》からん。其の楽処より之を言わば、何れか楽しからざる莫からむ。然《しか》れども此《こ》の苦楽も亦猶《な》お外《ほか》に在《あ》る者なり。昔賢曰《せきけんいわ》く、「楽は心の本体なり」と。此の楽は苦楽の楽を離れず、亦苦楽の楽に墜《お》ちず。蓋し其の苦楽に処《お》りて、而《しか》も苦楽を超え、其の遭《あ》う所に安《やす》んじて、而も外を慕《した》うこと無し。是《こ》れ真の楽のみ。中庸《ちゅうよう》に謂《い》わゆる、「君子《くんし》は其の位に素《そ》して行ない、其の外を願わず。入るとして自得《じとく》せざる無し」とは是れなり。

人生には貴賤もあり貧富もある。その各々《おのおの》に苦楽がある。必ずしも富貴であれば楽しく、貧賤であれば苦しいというものではない。思うに苦しいということから言えば、どんな事でも苦しくないことはなく、楽しいということから言えば、どんな事でも楽しくないことはない。しかしこういう苦楽は、心の外にあるもので、心の中から来るものではない。昔の賢人王陽明《おうようめい》は、「楽は心の本体である」といった。心の本体である楽は、世間で普通いう所の苦楽の楽からも離れることもなく、また苦楽の楽に堕落《だらく》するものでもない。思うに、世間のいわゆる苦楽と共にいて、しかもその苦楽の外に超然《ちょうぜん》とし、ただ自己の遭遇する所（運命・境遇）に満足して、何等《なんら》その外を羨《うらや》み慕う所のないのは、これが真の楽である。『中庸』に「君子はただ現在の地位・境遇に満足して事を行い、決して外の事を思い願わない。どんな境遇にいても不満をいうことなく、悠々自適の生活をしていく」とあるのはこのことをいうのである。

二七　言行は一致すべし

（言志後録七七）

❖聖賢を講説して、之《これ》を躬《み》にする能《あた》わざるは、之を口頭の聖賢と謂《い》う。吾《わ》れ之を聞きて一たび惕然《てきぜん》たり。道学を論弁して、之を体《たい》する能わざるは、之を紙上《しじょう》の道学と謂う。吾れ之を聞きて再び惕然たり。

聖人や賢人の教えを講義したり説明したりはするが、それを自ら実践躬行《きゅうこう》することができなければ、そういう人を口先だけの聖賢というのである。自分はこのことを聞いて、まず心に恥じ畏《おそ》れた（惕然）次第である。宋代の儒者達の学問を論じたり弁じたりはするが、それを体得することができなければ、それは紙上の道学というのである。自分はこのことを聞いて、再びぎょっとして畏れた次第である。

（言志後録九六）

二八　大人物と小人物

❖君子《くんし》は自《みずか》ら慊《けん》し、小人《しょうじん》は則《すなわ》ち自ら欺《あざむ》く。君子《くんし》は自ら彊《つと》め、小人は即ち自ら棄《す》つ。上達と下達は、一つの自《じ》の字に落在《らくざい》す。

学徳のある立派な人は、自分の行為に対して満足してはいない（慊）が、これに対して、小人物は自分をいつわって自分の行為に満足している。君子は向上をめざしてみずから勉め励んでやまないが、これに対して、小人物はやけになって身を棄てて顧みない。向上の道を辿《たど》るのと堕落してゆくのとは、ただ自の一字に落ち着く（落在）。

二九　自慢するな

❖門面《もんめん》を装《よそお》うこと勿《なか》れ。家僋《かとう》を陳《つら》ぬること勿れ、招牌《しょうはい》を掲《かか》ぐること勿れ。他物を仮《か》りて以て誇衒《こげん》すること勿れ。書して以て自ら警《いまし》む。

（言志後録一一八）

家の門構えを立派に飾り整えるな。家財道具（家僋）を自慢気に陳《なら》べるな。看板をでかでかと掲げるな。他人の物を借りて誇りに思う（誇衒）な。これらを書いて戒めとする。

三〇　九思三省

❖孔子《こうし》の九思《きゅうし》、曾子《そうし》の三省《さんせい》、事有る時は是《これ》を以《もっ》て省察《せいさつ》し、事無き時は是を以て存養《そんよう》し、以て静坐の工夫と為《な》す可《べ》し。

（言志後録一二八）

孔子は修養として省察すべき九ヵ条（注1）を挙げ、孝行第一の曾子は自己反省について三ヵ条（注2）を挙げているが、われらも事ある時には反省してよく考え、事なき時には良心を失わないようにして本性を養って、静坐をする場合の工夫とするがよい。

注1　①視《み》るには明を思う――物を見る場合には、視力を十分に働かせて見誤りのないようにし

たいと思う。②聴くには聡を思う――物を聞く場合には、聴力を十分に働かせて聴き逃すことのないようにしたいと思う。③色は温を思う――顔色は穏やかで激しくないようにしたいと思う。④貌《かたち》は恭を思う――容貌態度は恭謹にして憤怒《ふんぬ》することのないようにしたいと思う。⑤言《げん》は忠を思う――言葉は真実であって偽《いつわ》り欺《あざむ》くことのないようにしたいと思う。⑥事は敬を思う――何事にも慎み深くして間違いのないようにしたいと思う。⑦疑《ぎ》には問《とい》を思う――疑いが起きた場合には、師友に問うて解決するようにしたいと思う。⑧忿《いかり》には難を思う――心に忿怒《ふんぬ》が生じた時には、憂いごとが起こりはしないかと十分考えるようにしたいと思う。⑨得るを見ては義を思う――利を得る場合には、それが道義にかなっているかどうかを分別して道義にかなうなら得るようにしたいと思う。

注2　①人の世話をして、真心が足りないことはなかったかどうか。②朋友との交際において、信義に欠けたことはなかったかどうか。③師から教えられたことで、まだ自得しないのに、人に伝えはしなかったかどうか。

三一　物事は平穏に

（言志後録一七〇）

❖凡《およ》そ事を処するには、須《すべか》らく平平穏穏なるを要すべし。人の視聴を駭《おどろ》かすに至れば、則《すなわ》ち事は善《よし》と雖《いえど》も、或《ある》いは小過《しょうか》に傷《きず》つく。

だいたい物事を処理する場合には、なるべく平穏になすべきである。人の耳目《じもく》を驚かすようなことをすると、その事は善いにしても、どうかすると、ちょっとした過誤《あやまち》を犯すことになりかねない。

三二　実言と虚言

❖実言は芻蕘《すうじょう》の陋《ろう》と雖《いえど》も、以《もっ》て物を動かすに足《た》る。虚言は能弁の士と雖も、人を感ずるに足らず。

（言志後録一七七）

真実の言葉というものは、農夫や樵《きこり》（芻蕘）など身分の低い人の言葉であっても、よく人を感動させるものである。うそいつわりの言葉というものは、弁舌《べんぜつ》の達者な人の言葉であっても、よく人を感動させることはできないものである。

三三　人物評論の心得

❖凡《およ》そ古今《ここん》の人を評論するには、是非《ぜひ》せざるを得ず。然《しか》れども、宜《よろ》しく其の長処《ちょうしょ》を

（言志後録二四九）

挙げ以《もっ》て其《そ》の短処《たんしょ》を形《あら》わすべし。又《また》十中の七は是《ぜ》を掲《かか》げ、十中の三は非を黜《しりぞ》くるも、亦忠厚《ちゅうこう》なり。

だいたい古今の人物を批評し論ずる場合には、よしあしを言わない訳にはいかない。しかし、その際に、まずその人物の長所を挙げて、自然に短所を表すようにするのがよい。また、十のうち七つくらいは長所を挙げ、三つくらいは短所を挙げて、これをよくないことであるとするのも、誠実で親切な評論であるといえる。

（言志晩録一二一）

三四　心の霊光

❖人心の霊、知有らざる莫《な》し。只《た》だ此《こ》の一知、即ち是れ霊光なり。嵐霧《らんむ》の指南と謂《い》う可《べ》し。

人間の心の霊妙な作用には、物事を知る能力が具《そな》わっている。実にこの知性は、霊妙不可思議な光であって、この心の霊光が人間の情欲（嵐霧）を指導することができる。

三五　書物の著述について

❖著書は只《た》だ自《みずか》ら怡悦《いえつ》するを要し、初めより人に示すの念《ねん》有るを要せず。

（言志晩録四九）

書物を著述することは、ただ自分自身が悦《よろこ》びを感ずればよいので、最初から人に示すような心持をいだく必要はない。

三六　一歩高く、一歩退く

❖志《こころざし》、人の上に出《い》づるは、倨傲《きよごう》の想《そう》に非《あら》ず。身《み》、人後《じんご》に甘んずるは、萎茶《いでつ》の陋《ろう》に非ず。

（言志晩録七一）

志が人よりも上に（高く）あるということは、決しておごりたかぶる（倨傲）というのではない。自分の身が、人の後について先だたないということは、決していじけた（萎茶。衰え弱った）というみにくい状態なのではない。

三七　私心を棄てる

❖我れ無ければ則《すなわ》ち其《そ》の身《み》を獲《え》ず。即《すなわ》ち是《こ》れ義《ぎ》なり。物無ければ則ち其の人を見ず。即ち是れ勇《ゆう》なり。

（言志晩録九八）

我《われ》という私心が無ければ、純真清明な境地を得ることができる。これは邪心のない正義そのものである。物に対する欲心が無ければ、外物《がいぶつ》（人）のために煩《わずら》わされることなどはない。これは、何ら恐れる所のない勇気となってあらわれる。

三八　無我と無物

❖「自《みずか》ら反《かえ》りみて縮《なお》ければ」とは、我れ無きなり。「千万人と雖《いえど》も吾《わ》れ往《ゆ》かん」とは、物無きなり。

（言志晩録九九）

「自らわが身を反省して正直で恥ずる所が無い」時は、私心のない無我の境地といえる。（自ら反省して正しければ）「相手が千万人の大勢であっても、恐れずに進んでいくであろう」とする大勇のある時は、富貴《ふうき》や威武《いぶ》も眼中に無いので、無物の境地といえる。

三九　才能と度量

❖才《さい》有りて量《りよう》無ければ、物を容《い》るる能《あた》わず。量有りて才無ければ、亦《また》事を済《な》さず。両者兼《か》ぬることを得可《うべ》からずんば、寧《むし》ろ才を舍《す》てて量を取らん。

（言志晩録一一五）

人は才能があっても度量が無ければ、人を寛大に受け入れることはできない。これとは反対に、度量があっても才能が無ければ、物事を成就することはできない。才能と度量の両者を兼ね備えることができなければ、いっそのこと、才能の方をすてて度量のある人物になりたい。

四〇　心で改め、心で聞け

❖口を以《もつ》て己《おのれ》の行ないを謗《そし》ること勿《なか》れ。耳を以て人の言を聞くこと勿れ。

（言志晩録一七〇）

自分の口で自分の行動を非難するものではない。また、自分の耳で他人のいう言葉を聞いてはいけない。心で非を改め、心で聞いて判断すべきである。

四一　即今、今こそ大切

❖心は現在なるを要す。事未《いま》だ来《きた》らざるに、邀《むか》う可《べ》からず。事已《すで》に往《ゆ》けるに、追う可からず。纔《わずか》に追い纔に邀うとも、便《すなわ》ち是《こ》れ放心《ほうしん》なり。

（言志晩録一七五）

常に現在の時点において本心を失わぬようにしなければいけない。物事がまだ到来しないのに、これを迎えることはできないし、また、物事がすでに過ぎ去ったのに、これを追いかけることはできない。ほんのわずかでも、過去の事を追い求めたり、未来の事を迎えたりするということは、本心を放《はな》ち失っている状態なのである。

四二　人の禍・福を見て

❖人の禍《か》有るを見て、我が禍無きの安《やす》らかなるを知り、人の福《ふく》有るを見て、我が福無きの穏《おだや》かなるを知る。心の安穏《あんのん》なる処《ところ》は、即《すなわ》ち身の極楽なる処なり。

（言志晩録一九二）

他人に禍《わざわい》あるのを見て、自分に禍の無いことが安らかであることがわかり、他人が幸福であるのを見て、自分が幸福でないのが、かえって安穏であることがわかる。心の安穏なところが、すなわち肉体的にも極《きわ》めて楽しいところといえる。

四三　忍と耐

❖背撻《はいたつ》の痛みは耐《た》え易《やす》く、脇搐《きょうちく》の癢《かゆ》みは即《すなわ》ち忍《しの》び難《がた》し。

（言志晩録一九七）

背中《せなか》を撻《むち》で打たれる痛さというものは耐えられるが、脇《わき》の下をくすぐられる癢《かゆ》さというものはとても辛抱ができない。

四四　善は尽きること無し

❖天道は窮尽《きゅうじん》すること無し。故《ゆえ》に義理も窮尽すること無し。義理は窮尽すること無し。故に此《こ》の学も窮尽すること無し。

（言志晩録二〇二）

真実の道には窮《きわ》まり尽きるということがなく無限である。それで、人のふみ行う道（義理）にも窮まり尽きる所がない。人のふみ行う道が窮まり尽き果てる所がないから、これを究明しようとする学問にも窮まり尽きる所がない。

四五　求道《ぐどう》の態度

❖道を求むるには、懇切《こんせつ》なるを要し、迫切《はくせつ》なるを要せず。懇切なれば深造《しんぞう》し、迫切なれば助長す。深造は是《こ》れ誠《まこと》にして、助長は是れ偽《いつわ》りなり。

（言志晩録二一七）

道を求める態度は、熱心にやることが大切で、あせって（迫切）はいけない。物事に熱心であれば、道の奥まできわめる（深造）ことができるが、あせってやれば、急に成長させようとすると害あるが如《ごと》く、無理に事をすることになる。道の奥まで至ることは誠の道であり、助長（無理）することは正しくない偽りの道である。

四六　苦楽に安んじる

❖人は苦楽無き能《あた》わず。唯《た》だ君子《くんし》の心は苦楽に安《やす》んじて、苦なるも苦を知らず。小人《しょうじん》の心は苦楽に累《わずら》わされて、楽なるも楽を知らず。

（言志晩録二四二）

誰でも人は苦楽が無いということはあり得ない。ただ、立派な人の心だけは、苦楽に安んじて苦楽にかかわることがないから、苦にあっても苦を苦としない。これに対して、小人物の心は苦楽に煩《わずら》わされているから、楽にあっても楽を楽としない。

四七　適材適所

❖人才《じんさい》には、小大《しょうだい》有り、敏鈍《びんどん》有り。敏大《だい》なるは固《もと》より用う可《べ》きなり。但《た》だ日間《にっかん》の瑣《さ》事《じ》は、小鈍《しょうどん》の者却《かえ》って能《よ》く用を成す。敏大なるものの如きは、則《すなわ》ち常故《じょうこ》を軽《けい》蔑《べつ》す。是《こ》れ知る、人才各《おの》おの用処《ようしょ》有り、概棄《がいき》すべきに非《あら》ざるを。（言志晩録二五一）

人の才能には、小なるものと大なるものとがあり、敏捷《びんしょう》（すばしこい）なものと愚《ぐ》（遅《ち》）鈍《どん》なものとがある。才能の敏捷でしかも大きいものは、物の役に立つことはもちろんのことである。ただ、日常の些細《ささい》な事については、愚鈍で小才《こさい》のきくものが、かえって大いに役に立つものである。才能の敏捷で大なるものは、日常の事（常故）を見下げて、かえって役に立たない。これによって、人の才能には各々用い所があるもので、どれも棄《す》ててしまう（概棄）べきでないことが知られる。

四八　死は生から

❖無は無より生《しよう》ぜずして、有《う》より出《い》づ。死は死より死せずして、生より死す。

（言志晩録二八八）

無というものは、無から生ずるのではなくて、（有があるから）有から無が生ずるのである。死というものは、死から生ずるのではなくて、（生があるから）生から死が生ずるのである。

四九　水源の有る無し

❖源《みなもと》有るの活水《かつすい》は浮萍《ふひよう》も自《おのずか》ら潔《きよ》く、源無きの濁沼《だくしよう》は蓴菜《じゆんさい》も亦汚《けが》る。

（言志耋録一六）

水源のある生き生きとした水には、浮き草も清らかであるが、水源が無いので水が流通しない濁った沼では、食用にする蓴菜までも何となく汚《きた》なく見える。

五〇　艱苦と安逸

❖困心衡慮《こんしんこうりょ》は智慧を発揮し、暖飽安逸《だんぽうあんいつ》は思慮を埋没《まいぼつ》す。猶《な》お之《こ》れ苦種《くしゅ》は薬を成し、甘品《かんぴん》は毒を成すがごとし。（言志耋録二一一）

心を苦しめ思い悩む（困心衡慮）ようなことがあると、そのために自分の本当の智慧を発揮するが、衣食住なんの不足不自由のない安楽な生活（暖飽安逸）をしていると、思慮する力が鈍《にぶ》って無くなってしまう。それはあたかも、苦味《にがみ》のあるものは薬となるが、甘いものは害になると同様である。

五一　得意と失意

❖得意の物件は懼《おそ》る可《べ》くして喜ぶ可からず。失意の物件は慎む可くして驚く可からず。（言志耋録二二一）

自分の望み通りになって満足する物事は、実は懼るべきものであって、喜ぶべきではない。これに反して、望みが遂《と》げられない失意の場合は、慎まなければならないが、驚くべきことではない。

五二　喜怒哀楽

❖喜気《きき》は猶《な》お春のごとし、心の本領なり。怒気《どき》は猶お夏のごとし、心の変動なり。哀気《あいき》は猶お秋のごとし、心の収斂《しゅうれん》なり。楽気《らくき》は猶お冬のごとし、心の自得《じとく》なり。
自得は又《また》喜気の春に復《ふく》す。

（言志耋録四九）

喜びの様子はあたかも春のようなものであって、これは心の本来の姿なのである。怒りの様子はあたかも夏のようなものであって、これは心の変わり動く姿なのである。哀れみの様子はあたかも秋のようなものであって、これは心のひき締《しま》った姿なのである。楽しみの様子はあたかも冬のようなものであって、これは心の満足した姿なのである。この自得の姿が、また、心の本来の姿である喜びの春に復《かえ》っていくのである。

五三　有事と無事の時

❖事有《ことあ》る時、此《こ》の心の寧静《ねいせい》なるは難《かた》きに似て易《やす》く、事無き時、此の心の活発なるは易きに似て難し。

（言志耋録五九）

何か事が起こった時に、心を安静にしておることは、困難なようであるが、案外に容易である。事の無い平穏な時に、心を活発に作用さすことは、容易なようであるが極《きわ》めて困難である。

五四　人には悪を隠し善を揚ぐ

❖「悪を隠《かく》し善を揚《あ》ぐ」。人に於《お》いては此の如《かく》くし、諸《これ》を己《おのれ》に用いること勿《なか》れ。「善に遷《うつ》り過《か》を改む」。己に於いては此の如くし、必ずしも諸を人に責めざれ。

（言志耋録六四）

人に対しては「その人の悪い所を隠し、善をほめはやす」ようにするのがよいが、これを自分に対してなすべきではない。自分に対しては「人の善を見てこれを行い、自分の過《あやまち》はこれを改める」ようにすることはよいが、これをもって人を責めることはいけない。

五五　驕と争は身を亡ぼす

（言志耋録一一七）

❖利を人に譲《ゆず》り、害を己《おのれ》に受くるは、是《こ》れ譲《じょう》なり。美を人に推《お》し、醜《しゅう》を己に取るは、是れ謙《けん》なり。謙の反《はん》を驕《きょう》と為《な》し、譲の反を争《そう》と為す。驕・争は是《こ》れ身を亡《ほろ》ぼすの始めなり。戒めざる可《べ》けんや。

利益を他人に譲り与えて、損害を自分に引き受けるのが譲である。良いこと（美名）を他人に推し譲り、悪いこと（悪名）を自分が甘んじて受けるのは謙（へりくだること）である。この謙の反対が（良いことは自分がとって、悪いことは他人におしつけるという）驕であるし、譲の反対が（利益を自分がとって損害を他人に与えるという）争である。この驕と争は自分の身を亡ぼす始めであるから、十分に注意しなければいけない。

五六　順境と逆境

（言志耋録一二二）

❖余意《おも》う、「天下の事固《もと》より順逆無く、我が心に順逆有り」と。我が順とする所を以《もっ》て之《これ》を視《み》れば、逆も皆順なり。我が逆とする所を以て之を視れば、順も皆逆なり。果たして一定有らんや。達者《たつしゃ》に在《あ》りては、一理を以て権衡《けんこう》と為《な》し、以て其の軽重《けいちょう》を定むるのみ。

自分は「世の中の事は元来、順・逆のあるはずがなく、自分の心に順・逆があるのだ」と思っている。自分の心が順であるならば、人が逆境だと思っても、自分には順境なのである。自分の心が逆であるならば、人が順境だと思っても、自分には逆境なのである。はたして順・逆は一定しているのであろうか。道に達した人（悟人《ごじん》）にあっては、一つの道理をはかりとして、物事の軽重の度合いを定めるだけである。順・逆などには別に関心はない。

（言志耋録一四二）

五七　富貴と貧賤

❖物に余《あま》り有る、之《これ》を富《とみ》と謂《い》う。富を欲《ほっ》するの心は即《すなわ》ち貧《ひん》なり。物の足《た》らざる、之を貧と謂う。貧に安《やす》んずるの心は即ち富なり。富《ふう》・貴《き》は心に在《あ》りて物に在らず。

いつも物に余分ができた場合には、それを富というのである。この富を欲求するところの心はすなわち貧である。いつも物が不足しているのを貧というのである。この貧に安んじている心はすなわち富である。このように、富と貴とは人の心の中にあって、物にあるのではない。

五八　訓戒の法

❖女子を訓《おし》うるには、宜《よろ》しく恕《じょ》にして厳《げん》なるべし。小人《しょうじん》を訓うるには、宜しく厳にして恕なるべし。

（言志耋録一六一）

婦女子を教え戒める場合には、最初、恕すなわち思いやりの言葉をかけ、次には厳格な言葉をかけてやるのがよい。しかし、小人物を教え戒める場合には、まず最初に厳格な言葉をかけ、次には思いやりの言葉をかけてやるのがよい。

五九　毀・誉ともに利する

❖名《な》有る者は其の名に誇《ほこ》ること勿《なか》れ。宜《よろ》しく自《みずか》ら名に副《そ》う所以《ゆえん》を勗《つと》むべし。毀《そし》りを承《う》くる者は其の毀りを避《さ》くること勿れ。宜しく自ら毀りを来《きた》す所以を求むべし。是《かく》の如く功を著《つ》けなば、毀誉《きよ》並《なら》びに我れに於《お》いて益有り。

（言志耋録二一一）

名誉のある人は、それを自慢してはいけない。自分の行動が、その名誉にふさわしいように努め励むがよい。また、世間の人々から非難される人は、それを避けてはいけない。何故《なにゆえ》に人から非難されるようになったか、その理由を自らよく考えるがよい。このように工夫をしていくならば、非難も名誉もともに自分に利する所がある。

六〇　志は不朽に

❖人は百歳なる能《あた》わず。只《た》だ当《まさ》に志《こころざし》、不朽《ふきゅう》に在《あ》るべし。志、不朽に在れば、即ち業《ぎょう》も不朽なり。業、不朽に在れば、即ち名《な》も不朽なり。名、不朽なれば、則ち世《よ》世子孫《よしそん》も亦不朽なり。

（言志耋録二二八）

人間はとても百歳まで長生きすることはできない。ただ志だけは永久に朽《く》ちないようにしなければいけない。志が永久に朽ちないものであれば、その人のなした事業も永久に朽ちないものとなる。その事業が永久に朽ちないものであれば、その人の名も永久に朽ちることがない。その名が永久に朽ちないものであれば、代々の子孫も永久に朽ちることがない。

第Ⅳ章　心に従う

一　為学《いがく》には立志が肝要

❖学は立志より要なるは莫《な》し。而《しこう》して立志も亦之《またこれ》を強《し》うるに非《あら》ず。只《た》だ本心の好む所に従うのみ。（言志録六）

学問をするには、目的を立ててこれを遂行しようと志すことが肝要である（志を立てることが大切である）。しかも、それは他からこれを強制すべきものではない。本人の自覚が不可欠である。

二　本然の性を尽くせ

❖性分《しょうぶん》の本然《ほんぜん》を尽《つ》くし、職分の当然を務《つと》む。此《かく》の如《ごと》きのみ。（言志録八）

人間は生得的に仁・義・礼・智・信の五常を具《そな》えているから、この五つの道を極《きわ》め尽《つ》くすべきである。また、人間は道徳的に守るべき職分としての親・義・別・序・信の五倫（注）や孝悌《こうてい》忠信をもっているから、他者に対してそれらを当然の義務として実践すべきである。人間はこのように道徳を本務として行うべきだ。

注　親（父子）・義（君臣）・別（夫婦）・序（長幼）・信（朋友）。

三　面背胸腹

❖面《おもて》は冷《れい》ならんことを欲《ほっ》し、背《せ》は煖《だん》ならんことを欲し、胸《むね》は虚《きょ》ならんことを欲し、腹《はら》は実《じつ》ならんことを欲す。

（言志録一九）

顔面（頭脳）が冷静になれば、正確な判断がなされる。背中があたたかであれば、人を感じ動かすことができる。胸中なんのわだかまりも無ければ、人を寛大に受け入れることができる。腹が充実してしっかりしておれば、泰然として物に動じない。

四　若人《わこうど》と老人の心得

❖少年の時は当《まさ》に老成の工夫を著《あらわ》すべし。老成の時は当に少年の志気を存《そん》すべし。

（言志録三四）

少年の時代は、経験を重ねて老熟した人のように、よく考えて手ぬかりの無いようにすべきである。年をとってからは、若い者の意気ごみを持つようにすべきである。

五　得意の時は一歩後退

❖得意の時候は、最も当《まさ》に退歩の工夫《くふう》を著《つ》くべし。

（言志録四四）

自分の望み通りになった時こそ、一歩後退する配慮がなければならない。

六　なさねばならぬ事は避けるな

❖凡《およ》そ事吾《わ》が分《ぶん》の已《や》むを得《え》ざる者に於《お》いては、当《まさ》に之《これ》を為《な》して避けざるべし。已むを得《う》べくして已めずば、是《こ》れ則《すなわ》ち我れより事を生ぜん。

（言志録六二）

どんな事でも、自分の本分としてなさねばならないことは、当然これをなして、避けることがあってはいけない。なさなくてもよいことをしたならば、その場合には、自分の方から事（問題）を起こしがちだ。

七　人は天に従う

（言志録九四）

❖人は須《すべか》らく地道《ちどう》を守るべし。地道は敬に在《あ》り。順にして天に承《う》くるのみ。

人は地道を守っていくべきである。地道は謙譲の徳であり、人を尊び己《おのれ》を慎むという敬ということである。すなわち、人は柔順に天に従っていくのみである。

（言志録九五）

八　身体は心に従う

❖耳・目・口・鼻・四肢《し》・百骸《がい》、各《おの》おの其《そ》の職を守りて以《もっ》て心に聴《き》く。是《こ》れ地の天に順《したが》うなり。

耳・目・口・鼻、および手足、そして身体の各部分というものは、各自の職務をよく守って、心に従っていく。これは地が天に従っていくのと同じである。

（言志録一一二）

九　独立自信

❖士は独立自信を貴《たっと》ぶ。熱《ねつ》に依《よ》り炎《ほのお》に附《つ》くの念起す可《べ》からず。

教養ある立派な男子は、他に頼ることなく、独り立ちして、自信をもって行動することが肝要である。自己の栄達をはかるために、権勢におもねりへつらうような心を起こしてはいけない。

一〇　凡人死を畏る

❖聖人は死に安《やす》んじ、賢人は死を分《ぶん》とし、常人《じょうじん》は死を畏《おそ》る。

（言志録一三二）

聖人は生死の相対観念を超越しているから、死に対して何の不安もなく泰然としている。賢人は死を天の定命《じょうみょう》として生者必滅《しょうじゃひつめつ》の理を悟ってあまんずる。一般人は常に死に対して畏《い》怖《ふ》の念をいだいている。

一一　虚心坦懐

❖胸臆虚明《きょうおくきょめい》なれば、神光《しんこう》四発す。

（言志録一六一）

心の中にわだかまりがなく、きれいさっぱりしておれば、心の霊光が四方に輝きわたる。

一二　敬親の心

❖須《すべか》らく知るべし。親在《おやいま》す時は、親の身は即《すなわ》ち吾《わ》が身なり。親没《ぼっ》して後は、吾が身即ち親の身なりと。則《すなわ》ち自愛《じあい》の心を以て親を愛し、敬親の心を以て自《みずか》ら敬せざるを得ず。

（言志録一一一）

親の存命中は、親の身が自分の身であり、親がなくなった以後は、自分の身が親の身であるということを知らなければならない。そうすれば、自分を愛する心持で親を愛し、親を尊敬する心持で自分自身を敬せざるを得ないようになる。

一三　公共心と利己心

❖私欲は有る可《べ》からず。公欲は無かる可からず。公欲無ければ、則ち人を恕《じょ》する能《あた》わず。私欲有れば、則ち物を仁《じん》する能わず。

（言志録一二二）

利己的な欲心は有ってはいけないが、公共的な欲心は無くてはならない。公共心が無ければ、同情心を他人に及ぼすことはできない。利己心があれば、慈愛の心を以《もっ》て他人に物を与えることはできない。

一四　漸と恵は処世の秘訣

❖漸《ぜん》は必ず事を成し、恵《けい》は必ず人を懐《なつ》く。

（言志録二二三）

急《せ》かずおもむろに事をなせば必ず事が成功するし、物心両面に人に対して恩恵を施していけば、必ず人がなつくようになる。

一五　人情は厚く

❖坤《こん》厚く物を載《の》す。人当《まさ》に之《これ》を体《たい》すべし。喪《も》を哀《かなし》み祭《さい》を敬するも、亦《また》一厚字《こうじ》の裏面《りめん》より出《い》で来《きた》る。

（言志録二三一）

『易経《えききよう》』に「大地は厚くして、その上に万物を載せている」とある。人間も人情が厚くなければいけない。人の死を悲しみ、祭を行って敬《うやま》うことも、厚という字の裏面から出て来るのである。

一六　人に背くなかれ

❖「寧《むし》ろ人の我に負《そむ》くとも、我は人に負く毋《なか》れ」とは、固《まこと》に確言と為《な》す。余も亦謂《い》う、「人の我に負く時、我は当《まさ》に吾《われ》の負くを致《いた》す所以《ゆえん》を思いて以《もっ》て自《みずか》ら反《かえ》りみ、且《か》つ以て切磋砥礪《せっさしれい》の地と為すべし」と。我に於《お》いて多少の益有り。焉《いずく》んぞ之《これ》を仇視《きゅうし》すべけんや。

（言志後録一一）

「たとえ、人が自分の恩義に背《そむ》くようなことがあっても、自分は人の恩義に背くようなことをしてはならない」ということは、誠に確かな言葉といえる。私もまた「人が自分に背くような時には、自分が背かれなければならない理由をよく考えて反省し、そのことを、自分の学徳を磨《みが》く土台となすべきである」という。このようにすれば、自分にとって大いに益することになる。どうしてその人を仇敵《きゅうてき》と見なすことができようか。

一七　急務実用の学

（言志後録一五）

❖凡《およ》そ人の宜《よろ》しく急に做《な》すべき所の者は、急に做すことを肯《がえん》ぜず、必ずしも急に做さざる可《べ》き者は、卻《かえ》って急に做さんことを要《もと》む。皆錯慮《さくりよ》なり。斯《こ》の学の如きは、即《すなわ》ち当下《とうか》の事、即ち急務実用の事なり。「謂《い》う勿《なか》れ、今日学ばずとも来日《らいじつ》有り」と。讌《えん》を張り客を会《かい》し、山に登り湖に泛《うか》び、凡そ適意《てきい》游観《ゆうかん》する事の如きは、則《すなわ》ち宜しく今日為《な》さずとも猶《な》お来日有りと謂う可くして可《か》なり。

（言志後録五九）

およそ、人は急になさなければならない事を、急いでやろうとせずに、必ずしも急いでやらなくてよい事を、かえって急いでしようとする。これはどちらも間違った考え（錯慮）である。しかし、斯学《しがく》（聖人の学問）は、ただちに今なすべき事、すなわち急いで務むべき所の実際に役立つ事である。「今日学ばなくとも、明日という日がある」などと思って、ぐずぐずしていてはいけない。酒宴を催したり、客を集めたり、山に登ったり、湖水に舟を浮かべたりするような、総《すべ》て思いのまま（適意）に遊び歩いて見物する事などは、今日なさなくとも、明日という日があるからと言ってもよろしい。

一八　進む時に退く工夫

❖進歩中に退歩《たいほ》を忘れず、故《ゆえ》に躓《つまず》かず。

人は進む場合でも退くことを忘れなければ失敗はしない。

一九　心に中和を

❖心に中和《ちゅうわ》を得れば、則ち人情皆順《したが》い、心に中和を失えば、則ち人情皆乖《そむ》く。感応の機は我《われ》に在《あ》り。故《ゆえ》に人我《にんが》一体、情理通達して、以て政《まつりごと》に従う可《べ》し。

（言志後録一〇二）

心が平静で偏《かたよ》らずに正しければ、人の気持がみな自分の方へ従ってくるが、心に中和を失っておれば、人の気持はみな自分にそむいて離れてゆくものである。人が感応するきっかけは自分の方にあるので、人も我も一体であると考え、人情にも道理にも通ずる人であって、はじめて政治に関与することができる。

二〇　道心とは

❖人は当《まさ》に自《みずか》ら我が軀《み》に主宰有るを認むべし。主宰は何物たるか。物は何《いず》れの処《ところ》にか在《あ》る。中《ちゅう》を主として一を守り、能《よ》く流行し、能く変化し、宇宙を以《もっ》て体《たい》と為《な》

（言志後録一〇四）

し、鬼神《きしん》を以て迹《あと》と為し、霊霊明明、至微《しび》にして顕《けん》、呼びて道心と做《な》す。

人は自分の身体に自分を支配（統御）するところのものが存在していることを知らなければならない。その支配するものとはいったい何物であるのか。またその物はどこにあるのか。それは中正の道を専一《せんいつ》に守り、あまねく行きわたり、よく変化し、この宇宙を以て本体となし、鬼神のような行動をし、霊妙にして明らかであり、極《きわ》めて微細（至微）にしてしかも顕著なものである。人はこれを呼んで道心といっている。

二一　老人は手本

❖老人は衆の観望して矜式《きょうしょく》する所なり。其の言動は当《まさ》に益々端《たん》なるべく、志気は当に益々壮《そう》なるべし。尤《もっと》も宜《よろ》しく衆を容《い》れ才を育するを以て志と為《な》すべし。今の老者、或《ある》いは漫《みだり》に年老を唱《とな》え、頽棄《たいき》に甘んずる者有り。或いは猶《な》お少年の伎倆《ぎりょう》を為す者有り。皆非なり。

（言志後録一〇八）

老人は多くの人が仰ぎ見て、敬《うやま》い手本とするもの（矜式）であるからして、その言語や動作は益々端正にしなければならないし、その意気は益々壮大でなければならない。そして、多くの人々を包み入れる度量をもち、才能のある者を育成することをその志とすることが最もよい。ところが、今時《いまどき》の老人達は、むやみに年をとったといって、自分を役に立たぬ（頽棄）すたれ者としてそれに満足している者がおるかと思うと、いまだに少年達がするような幼稚なことしかしない者がいる。それらは宜しくないことである。

二二二　酔生夢死するなかれ

❖百年再生の我《われ》無し。其《そ》れ曠度《こうど》すべけんや。

（言志後録一〇九）

自分という者は、百年経《た》ったら再びこの世に生まれてくるというのではないから、空《むな》しく過ごして（曠度）よかろうか。一日一日を有意義に過ごさなければいけない。

二二三　名利の欲心

❖名利は固《もと》より悪《あ》しき物に非《あら》ず。但《た》だ己私《こし》の累《わずら》わす所と為《な》る可《べ》からず。之《これ》を愛好すと雖《いえど》も、亦自《またおのずか》ら恰好《かっこう》の中《ちゅう》を得《う》る処《ところ》有り。即《すなわ》ち天理の当然なり。凡《およ》そ人情は愛

（言志後録一一二）

好す可き者何ぞ限らん。而して其の間にも亦小大有り軽重有り。能《よ》く之《これ》を権衡《けんこう》すれば、斯《ここ》に其の中を得るは、即ち天理の在《あ》る所なり。人は只《た》だ己私の累《るい》を為すを怕《おそ》るるのみ。名利豈《あに》果たして人を累せんや。

名誉や利益というものは、元来、悪いものではない。ただこれを、自分のためにするのはよくない。誰もが名利を愛し好むけれども、各自に似合った中《なか》ほどの処《ところ》を得るのがよい。それが天の道理に合うのである。だいたい人情として名利を愛し好むのには限度がない。しかしその間に大小があり軽重がある。この釣り合い（権衡）をよくして中正《ちゅうせい》を得れば、これが、すなわち天の道理に合うのである。ただ名利が自分に 禍《わざわい》 をもたらすことを恐れている人がいるが、名利がどうして人に禍をもたらすものであろうか。決してそうではない。

（言志後録一七二）

二四　学問する際には

❖此《こ》の学、意趣《いしゅ》を見ざれば、風月《ふうげつ》を咏題《えいだい》するも亦《また》俗事なり。苟《いやし》くも意趣を見れば、銭穀《せんこく》を料理するも亦典雅《てんが》なり。

学問というものは、しっかりした心構え（意趣）が見られなければ、かりにも自然の風物を詩や歌に詠《よ》んでも、それはまったく俗世間の雑事に過ぎない。かりそめにも、学問をするのにしっかりした心構えを持っておるならば、たとえ金銭や穀物などの仕事に携わっていても、そこに高尚で風雅な趣《おもむき》が感ぜられる。

（言志後録一七六）

二五　老人の貪欲

❖其の老《お》ゆるに及んでや、之《これ》を戒むる得《とく》に在《あ》り。得の字、指《さ》す所何事かを知らず。余齢已《よわいすで》に老ゆ。因《よっ》て自心《じしん》を以《もっ》て之を証するに、往年血気盛んなる時、欲念も亦《また》盛んなりき。今に及んで血気衰耗《すいもう》し、欲念却《かえ》って較澹泊《ややたんぱく》なるを覚《おぼ》ゆ。但《た》だ是れ年《ねん》歯《し》を貪《むさぼ》り、子孫を営む念頭、之を往時に比するに較濃《ややこま》やかなれば、得の字或《ある》いは此の類を指し、必ずしも財を得《え》、物を得《う》るを指さず。人死生《しせい》命有り、今強《し》いて養生を覓《もと》め、引年《いんねん》を蘄《もと》むるも、亦命《めい》を知らざるなり。子孫の福幸も自《おのずか》ら天分有り。今之が為《た》め故意に営度《えいたく》するも、亦天を知らざるなり。畢竟《ひっきょう》是れ老悖衰颯《ろうはいすいさつ》の念頭にて、此れ都《すべ》て是れ得を戒むるの条件なり。知らず、他の老人は何の想を著《つ》け做《な》すかを。

『論語』には「老人になったら、戒めることは得（貪欲《どんよく》）である」と書いてあるが、その得の字は何を指しているかよくわからなかった。自分はすでに年をとったから、自分の心でこれを立証してみるに、むかし血気が盛んな時は、欲心も盛んであった。今では血気が衰え、欲心も少しはあっさりしてきたように思われる。ただ長生きをしようとしたり、子孫のために計ってやろうとする考えは、昔に比べるとやや強くなってきているから、得の字は多分このようなことを指して、必ずしも財産や物を得ることを指さないのであろう。

人間の生や死は天命である。今この年になって無理に養生して長生きを願うのは、天命を知らない生き方である。子孫の幸福も天から与えられた分限《ぶんげん》がある。今、子孫のためを考えて何かと心を配って計ることも、また天命というものを知らないやり方である。結局これらのことは、老いぼれて心が乱れ衰えた（老悖衰颯）者のやることで、総《すべ》て得を戒めることにほかならない。以上述べたことは自分の考えであって、他の老人がどう考えているかわからない。

（言志後録二二七）

二六　財は禍を招く

❖財を理《おさ》むるには、当《まさ》に何の想を著《つ》くべきか。余謂《おも》えらく、「財は才なり。当に才人を駆使するが如く然《しか》るべし」と。事を弁ずるは才に在《あ》り。禍《か》を取るも亦才に在り。慎まざる可《べ》けんや。

財貨をうまく運用するには、どのように考えたらよいのだろうか。自分は「財は才である。それだから、才能のある人を使うようにすればよいのである」と思っている。何か事を処理するのも才能であり、禍《わざわい》を招くのも才能である。それで、慎重にしないでよいだろうか。

(言志後録二四三)

二七　老人には来日無し

❖血気《けつき》には老少有りて、志気には老少無し。老人の学を講ずる、当《まさ》に益々志気を励まして、少壮の人に譲る可《べ》からざるべし。少壮の人は春秋に富む。仮令《たとい》今日学ばずとも、猶《なお》来日《らいじつ》の償《つぐな》う可《べ》き有る容し。老人は則ち真に来日無し。尤《もっと》も当に今日学ばずして来日有りと謂《い》うこと勿《なか》るべし。

身体から発する生気には、老若《ろうにゃく》の違いがあるが、意気ごみには老若の違いが見られない。

それで、老人が勉学する際には、いっそう志気を励まして、青少年や壮年の者達に負けてはいけない。若い者達は生《お》い先《さき》が長い。たとえ、今日勉学しなくとも、いつか埋め合わせする時がやってくる。しかし、老人には本当に将来おぎなう日はやってこない。朱子《しゅし》もいっているように、今日学ばなくても明日があるといってはいけない。

二八　心と気は平静に

❖心は平《たいら》なるを要す。平なれば則《すなわ》ち定まる。気は易《い》なるを要す。易なれば則ち直《なお》し。

（言志晩録六）

心は常に平静であることが大切である。心が平静であれば、自然と心は安定するものである。同じく、気持を安静にしていることが大切である。気持を安静にしておれば、何ごとも正直《せいちょく》に行われるものである。

二九　一視同仁

（言志晩録一二一）

❖物我《ぶつが》一体なるは即《すなわ》ち是《こ》れ仁《じん》なり。我れ公情を執《と》りて以《もっ》て公事を行なえば、天下服せざる無し。治乱の機は公と不公とに在《あ》り。周子曰《いわ》く、「己《おのれ》に公なる者は人に公なり」と。伊川《いせん》又公理を以《もっ》て仁字《じんじ》を釈《と》き、余姚《よよう》も亦《また》博愛を更《あらた》めて公愛と為《な》せり。丼《あわ》せ攷《かんが》う可《べ》し。

客観的な物と主観的自我とが一体一如であるとすること、これが仁なのである。私情をはさまない社会的感情をもって公《おおやけ》の事を行うのであれば、世の中の人々はこれに服しないものはない。世がよく治まるか乱れるかの徴候は、公平無私と不公平とにあるといえる。周濂渓《しゅうれんけい》は「自分に対して厳正公平な人は、他人に対しても公正である」と言った。程伊川《ていいせん》は公正に行われている普遍的な道理を仁であると解釈し、王陽明《おうようめい》も博愛の心を公正な愛情であるとした。これら諸家の説を合わせ考えると、公事に処する心得がわかるであろう。

（言志晩録五五）

三〇　人の言は虚心に聴け

❖独得の見《けん》は私《わたくし》に似たり。人其《そ》の驟《にわ》かに至るを驚く。平凡の議は公《おおやけ》に似たり。世其《そ》の狃《な》れ聞くに安《やす》んず。凡《およ》そ人の言《げん》を聴くには、宜《よろ》しく虚懐《きょかい》にして之《これ》を邀《むか》うべし。苟《いやし》くも狃れ聞くに安んずる勿《な》くば可《か》なり。

その人だけが会得している見解（独特の識見）というものは、私的な偏見のように見える。それで、人々は急に耳にするので驚いてしまうのである。これに対して、普通一般的な議論というものは、公論（公平な議論）のように見える。世間の人々は聞きなれて安心しているからである。だいたい人の言を聴く場合には、虚心坦懐、何のわだかまりもなく、広く平《たい》らかな心持で受けとめるのがよい。かりにも、聴きなれた説に安んじていなければ、それでよい。

三一　老いても学問は必要

❖少にして学べば、則《すなわ》ち壮にして為《な》すこと有り。壮にして学べば、則ち老いて衰えず。老いて学べば、則ち死して朽《く》ちず。

（言志晩録六〇）

少年時代に学問しておけば、壮年時代になってそれが役に立つことがあるし、壮年時代に学問しておけば、老年になっても気力の衰えることがない。老年になっても学問すれば、それが社会に役立つことになるから、死んでもその名が朽ちることがない。

三二　物には必ず対あり

❖天地間の事物《じぶつ》必ず対《たい》有り、相待《あいま》って固《かた》し。嘉耦《かぐう》・怨耦《えんぐう》を問わず、資益《しえき》を相為《そうい》す。此《こ》の理須《すべか》らく商思《しょうし》すべし。

（言志晩録一一二）

世の中の物事は、必ず相互に関係をもって対立しており、各々《おのおの》が相まって固持している。相手のよしあし（嘉耦・怨耦）に関係なく、相互に助け合い益《えき》し合っている。よくこの理を考えなければいけない。

三三　人情の向背

❖人情の向背《こうはい》は敬《けい》と慢《まん》とに在《あ》り。施報《せほう》の道も亦　忽《ゆるがせ》にす可《べ》きに非《あら》ず。恩怨《おんえん》は或《ある》いは小事《しょうじ》より起る。慎《つつし》む可《べ》し。

（言志晩録一五一）

人情が自分に対して向かってくるかそむくかは、敬と慢（あなどる）とにある。すなわち、尊敬の念を以《もっ》てすれば人が自分に向かってくるし、あなどる心を以てすれば人が背をむけて離れていく。なお、人に対して恵みを施し恩に報いる道も、またおろそかにしてはいけない。恩や怨《うらみ》はどうかすると小さい事から起こるものであるから、よく慎むべきである。

三四　物事を取り扱う心得

❖事物《じぶつ》に応酬するには、当《まさ》に先《ま》ず其《そ》の事の軽重《けいちょう》を見て而《しか》る後に之《これ》を処すべし。仮心《けしん》を以てすること勿《なか》れ。習心《しゅうしん》を以てすること勿れ。多端《たたん》を厭《いと》いて以て苟且《こうしょ》なること勿れ。穿鑿《せんさく》に過ぎて以て繳住《きょうじゅう》すること勿れ。

（言志晩録一五二）

物事を取り扱う場合には、まずその物事の度合を見てから処理しなければいけない。好《い》い加減な気持（仮心）でしてはいけない。習慣的な気持でしてはいけない。多忙を嫌って粗末（苟且）にしてはいけない。余り調べ過ぎて引き止めておく（繳住）ことはいけない。

三五　物事は慎重に

❖人の事を做《な》すには、須《すべか》らく其《そ》の事に就《つ》いて自《みずか》ら我が量と才と力との及ぶ可《べ》きかを揆《はか》り、又事の緩急《かんきゅう》と齢《よわい》の老壮とを把《と》って相比照《あいひしょう》し、而《しか》る後に做し起すべし。然《しか》

（言志晩録一五八）

らずして、妄意《もうい》手を下《くだ》さば、殆《ほとん》ど狼狽《ろうばい》を免《まぬが》れざらん。

人が仕事をなす場合には、その仕事が自分の度量と才能と力量で成《な》し得《う》る程度かどうかを計り考え、また、仕事のどこを急いですべきか、ゆっくりすべきかということと、自分の年齢の老若《ろうにやく》の程度とを比較対照し、その後に仕事に着手すべきである。そのような事をせずに、無暗《むやみ》（妄意）に手をつけたならば、おそらくほとんど、うろたえあわてる事を免れないであろう。

（言志晩録一六八）

三六　質問の心得

❖事を人に問うには、虚懐《きよかい》なるを要し、毫《ごう》も挟《さしはさ》む所有る可《べ》からず。人に替《かわ》りて事を処するには、周匝《しゆうそう》なるを要し、稍《やや》欠くる所有る可からず。

人に物事を尋ねるには、何のわだかまりもなく、さっぱりした気持でなければならないし、わずかでも自負《じふ》する所があってはいけない。人に代わって物事を処理するには、十分に用意が周到（周匝）でなければいけないし、少しでも落度があってはいけない。

三七　順境もあり逆境もある

❖人の一生には、順境有り逆境有り。消長《しょうちょう》の数《すう》、怪《あや》しむ可《べ》き者無し。余又自《みずか》ら検《けん》するに、順中の逆《ぎゃく》有り、逆中の順有り。宜《よろ》しく其の逆に処して敢《あえ》て易心《いしん》を生ぜず、其の順に居《きょ》して敢て惰心《だしん》を作《おこ》さざるべし。惟《た》だ一の敬の字、以て逆順を貫けば可なり。

（言志晩録一八四）

人の一生には、得意（万事都合のよい幸運）の境遇もあれば失意（思うままにならず苦労多い不運）の境遇もある。これは栄枯盛衰の自然の理法であって、少しも怪しむべきことではない。自分が調べてみるに、ただ順境・逆境と一律にいっても、順境の中にも逆境があり、また逆境の中にも順境がある。それで、逆境にあっても決して不平不満の心や自暴自棄な気持を起こさず、順境にあっても怠《おこた》りなまける心や満足な気持を起こさぬようにするがよい。ただ、敬の一字をもって順境・逆境を終始一貫すればそれでよいのである。

（言志晩録二一二）

三八　恕と譲

❖怨《うら》みに遠ざかるの道は、一箇の恕《じょ》の字。争いを息《や》むるの道は、一箇の譲《じょう》の字。

人から怨まれないようにする道は、恕（思いやり）の一字である。人との争いごとを止める道は、譲（謙譲。へり下ってゆずる）の一字である。

（言志晩録二三三）

三九　過失を責める場合には

❖人の過失を責むるには、十分を要せず。宜《よろ》しく二三分を余《あま》し、渠《かれ》をして自棄《じき》に甘んぜず、以《もっ》て自《みずか》ら新《あらた》にせんことを覔《もと》めしむべくして可《か》なり。

人の過失《あやまち》をとがめる場合には、思う存分に責めたてることはよくない。よろしく十の内二、三分ほどは残しておいて、その人がやけを起こさず、自ら改心するようにしむけてやればそれでよい。

（言志晩録二四四）

四〇　長所と短所

❖人各《おの》おの長《ちょう》ずる所有り、短《たん》なる所有り。人を用うるには宜《よろ》しく長を取りて短を舎《す》つるべし。自《みずか》ら処するには当《まさ》に長を忘れて以て短を勉《つと》むべし。

人には各々《おのおの》長所もあれば短所もある。人を使う場合には、その人の長所を取って用い、短所を見ないようにするがよい。しかし、世に処していく際には、自分の長所を忘れて、短所を補うように努力すべきである。

（言志晩録二五五）

四一　事を始めるは易し

❖凡《およ》そ事、初起《しょき》は易《やす》く、収結は難《かた》し。一技一芸に於《お》いても亦然《しか》り。

総《すべ》て物事は、これを始める時は容易であるが、その物事の終わりを完全にすることは困難といえる。一つの技芸においても同じである。

（言志晩録二七三）

四二　生きるとは

❖親を養う所以《ゆえん》を知れば、則《すなわ》ち自《みずか》ら養う所以を知り、自ら養う所以を知れば、則ち人を養う所以を知る。

子が親を養っていく理由がわかれば、自分がわが身を養っていくわけがわかる。自分がわが身を養っていく理由がわかれば、人を養っていくわけもわかる。

（言志晩録二九一）

四三　死生観

❖生を好み死を悪《にく》むは、即《すなわ》ち生気《せいき》なり。形《かたち》に牿《こく》するの念なり。生気已《すで》に徂《ゆ》けば、此《こ》の念を幷《あわ》せて亦《また》徂く。故《ゆえ》に天年を終《お》うる者は、一死睡《ねむ》るが如《ごと》し。

人間が生きるということを好んで、死を忌《い》み嫌《きら》うということは、生きようとする気力があるからである。これは身体にとらわれた考えといえる。生きる気力が無くなってしまえば、身体にとらわれるという考えも無くなってしまう。それで、天寿を全《まっと》うした人は、その死あたかも眠るが如く安らかである。

（言志耋録二七）

四四　志は遠大、工夫は細小

❖学者は志《こころざし》大にして、工夫は即《すなわ》ち皆小ならんことを要す。小は事に於《お》いては始《はじめ》と為《な》り、物に於いては幾《き》と為る。

学問をする者は、その志は遠大でなければならないが、それをなす所の工夫というものは、細かな点にわたらなければいけない。小事が大きな物事の始めとなったり、また、きっかけ（幾）になったりするものである。

四五　学問は自発的に

（言志耋録三七）

❖学を為《な》すには、人の之《これ》を強《し》うるを俟《ま》たず。必ずや心に感興《かんきょう》する所有って之を為し、躬《み》に持循《じじゅん》する所有って之を執《と》り、心に和楽《わらく》する所有って之を成す。「詩《し》に興《おこ》り、礼《れい》に立ち、楽《がく》に成る」とは此《これ》を謂《い》うなり。

学問をするには、人から強制されてするのではなく、自発的にしなければいけない。すなわち、必ず自分の心に深く感ずる所があってこれをなし、この心を自分に持ち続けて（持循）しっかりと守り、心にやわらぎ楽しむ所があって遂に成就するのである。『論語』に「詩によって善を好む心を起こし、礼によって道義心を確立し、音楽によって徳を成就する」とあるのは、このことを言ったのである。

四六　労苦と安逸

❖身労すれば則《すなわ》ち心逸《いっ》し、身逸すれば則ち心労す。労逸《ろういつ》は竟《つい》に相離異《あいりい》せず。

（言志耋録九五）

身体を動かして疲れさすと、かえって心が安《やす》んじて楽しむ。身体を安逸にすると、かえって心が疲れ苦しむ。それで労と逸とは相互に関連性があるから、離ればなれなものではない。

四七　義と宜

❖義《ぎ》は宜《ぎ》なり。道義を以《もっ》て本《もと》と為《な》す。物に接するの義有り。時《とき》に臨むの義有り。常《じょう》を守るの義有り。変に応ずるの義有り。之《これ》を統《す》ぶる者は道義なり。

（言志耋録九七）

物事の正しい道理を意味する所の義は、宜《よろ》しきにかなっているという意味の宜に通じている。正しい道理が根本である。物事に対処する場合の義もあれば、また時に応ずる場合の義もある。平常を守る場合の義もあれば、また変に応ずる場合の義もある。これらのものを統べひきいるものは道義である。

四八　まず自分が感動

❖我れ自《みずか》ら感じて、而《しか》る後に人之《これ》に感ず。

（言志耋録一一九）

何事においても、まず最初に、自分が感動することによって、そこではじめて人を感動させることができるものである。

四九　禍は侮《あなど》る心から生ず

❖騎《き》は登山《とざん》に踣《たお》れずして、而《しか》も下阪《げはん》に蹟《つまず》き、舟は逆浪《げきろう》に覆《くつがえ》らずして、而《しか》も順風《じゅんぷう》に漂《ただよ》う。凡《およ》そ患《かん》は易心《いしん》に生《しょう》ず。慎《つつし》まざる可《べ》からず。

（言志耋録一三二）

人の乗った馬は、山を登ってゆく時にはたおれないで、かえって下り坂の時につまずくものであり、舟は逆巻《さかま》く波にはひっくりかえらないで、かえって追風《おいかぜ》の際にさまようものである。だいたい、禍《わざわい》というものはあなどる心からして生ずるものである。慎まなければいけない。

五〇　君子は自ら欺かず

❖自《みずか》ら多識《たしき》に矜《ほこ》るは浅露《せんろ》の人なり。自ら謙遜《けんそん》に過ぐるは足恭《そくきょう》の人なり。但《た》だ其の自ら欺《あざむ》かざる者は君子人《くんしじん》なり。之《これ》を誠にする者なり。

（言志耋録一七七）

多く物事を知っていること（博識）を人に自慢するのは、考えの浅はかな（浅露）人物である。自ら卑下《ひげ》し過ぎるのは、人に媚《こ》びへつらう（足恭）人物である。ただ、自ら欺かない人が君子といわれる立派な人物である。このような人であってこそ、誠の道を実践するところの人といえる。

五一　言語は適切中正に

❖言語の道必ずしも多寡《たか》を問わず。只《た》だ時中《じちゅう》を要す。然《しか》る後、人其《そ》の言を厭《いと》わず。

（言志耋録一九二）

言葉というものは、必ずしもその多いとか少ないとかということを問題にする必要はない。ただ、その言葉が時と場所において適切中正（時中）であることが大切である。そうであれば、聞く人は言葉の多いことを別にいやに思わない。

五二　多言の人、寡黙の人

❖多言《たげん》の人は浮躁《ふそう》にして或《ある》いは人を枉《ま》ぐ。寡黙《かもく》の人は測《はか》り難《がた》く、或いは人を探《さぐ》る。故《ゆえ》に「其の言を察して其の色《いろ》を観《み》る」とは、交際の要なり。

（言志耋録一九二）

言葉数の多い人は浮かれてさわがしく、時には人を傷つけることがある。口数の少ない人は容易に心中を推しはかることができず、時には人の心の中をひそかに窺《うかが》おうとしている。それで、孔子が「達人は人の言葉をよく聞き分けて、その顔色を見抜く聡明さがある」と言われたことは、人との交際上きわめて肝要なことである。

五三　名誉と利益

❖名《な》の干《もと》めずして来《きた》る者は実《じつ》なり。利《り》の貪《むさぼ》らずして至る者は義《ぎ》なり。名利《めいり》は厭《いと》う可《べ》きに非《あら》ず。但《た》だ干むると貪るとを之《こ》れ病《やまい》と為《な》すのみ。

（言志耋録二〇五）

自分が求めずに与えられるところの名誉というものは、その人の実績によるものである。別に欲ばらずに得られた利益というものは、その人の正しい行いによるものである。このようにして得た名誉と利益とは、いやがるべきものではない。ただ名誉を求めたり、利益を欲ばるというのは、弊害をもたらすだけである。

五四　毀誉に一喜一憂するな

❖徒《いたず》らに我れを誉《ほ》むる者は喜ぶに足《た》らず。徒らに我れを毀《そし》る者は怒《いか》るに足らず。誉めて当《あ》たる者は我が友なり。宜《よろ》しく勗《つと》めて以て其《そ》の実《じつ》を求むべし。毀りて当《あた》る者は我が師なり。宜しく敬して以て其の訓《おしえ》に従うべし。

（言志耋録二一四）

無闇《むやみ》やたらに自分を誉める者があっても、それは喜ぶには足らないし、また無闇やたらに自分を非難する者があっても、それは怒るに足らない。誉められてそれが実際に当たっていたならば、その人こそ自分を知ってくれる友といえる。それ故《ゆえ》に、努め励んで、その誉められたことに値《あたい》するように実を上げるがよい。非難されてそれが実際に当たっていたならば、その人こそ自分の師と仰ぐに足る人といえる。それ故に、慎んでその人の教えに従うがよい。

五五　毀誉得失

❖毀誉得喪《きよとくそう》は真に是《こ》れ人生の雲霧《うんむ》なり。人をして昏迷《こんめい》せしむ。此《こ》の雲霧を一掃すれば、則ち天青《てんあお》く日白《ひしろ》し。

（言志耋録二一六）

非難・名誉・成功・失敗は、誠に人生の雲や霧のようなものである。これが人の心を暗くし道に迷わしむるところのものである。それで、この心の雲や霧にあたる毀誉得失というものを取り除いたならば、よく晴れわたった日和《ひより》のように、人生は実に明るいものとなる。

五六　近道を選ぶことなかれ

❖遠方に歩《ほ》を試みる者、往往正路《おうおうせいろ》を舎《す》てて捷径《しょうけい》に趨《おもむ》き、或《ある》いは繆《あやま》りて林莽《りんもう》に入る。嗤《わら》う可《べ》きなり。人事多く此《こ》れに類す。特に之《これ》を記《しる》す。

（言志耋録二六八）

遠方に徒歩で行こうとする人は、時折り正しい道路を通らずに近道を行き、どうかすると誤って草木の深く茂った所に入りこむことがある。誠に笑うべきことである。人間社会における事柄にも、これに似たものが多い。それで、特にこのことを書き記しておく。

五七　教化の難易

❖教えて之《これ》を化《か》するは、化及び難《がた》きなり。化して之を教うるは、教入《おしえい》り易《やす》きなり。（言志耋録二七七）

まず教え導いてから感化する（自分でやる気を起こさせる）ことはなかなか難しいが、感化してから教え導くことは容易である。

第Ⅴ章　心を知る

一　天意に従う心

❖凡《およ》そ事を作《な》すには、須《すべか》らく天に事《つか》うるの心有るを要すべし。人に示すの念有るを要せず。

（言志録三）

総《すべ》て事業をなすには、ぜひとも天意に従う敬虔《けいけん》な心を堅持することが肝要である。功を人に誇示し、自分の存在を社会に認めさせようとする気持があってはいけない。

二　大志と遠慮

❖真に大志有る者は、克《よ》く小物《しょうぶつ》を勤め、真に遠慮有る者は、細事《さいじ》を忽《ゆるがせ》にせず。

（言志録二七）

真に大志（大望）をいだく者は、どんなに小さな事柄でも、決して粗末にせずによく勤め励み、また真に遠大な考えをいだいている者は、些細《ささい》な事柄でもおろそかにしない。

三　自負心を去れ

（言志録二八）

❖纔《わず》かに誇伐《こばつ》の念頭有らば、便《すなわ》ち天地と相似《あいに》ず。

少しでも自慢する（誇伐。誇る）心を持っていると、万物を創造して少しも誇りたかぶることの無い天地の心と似合わないことになる。

（言志録二二）

四　実事と閑事

❖今人率《こんじんおおむ》ね口に多忙を説く。其《そ》の為《な》す所を視《み》るに、実事《じつじ》を整頓《せいとん》すること十に一二、閑事《かんじ》を料理すること十に八九。又閑事を認めて以て実事と為す。宜《うべ》なり其の多忙なるや。志有る者誤って此《こ》の窠《か》を踏《ふ》むこと勿《なか》れ。

今時の人は、口ぐせのように毎日毎日忙しいといっているが、その日常の行動を見ていると、実際必要な事は、わずか十の内の一、二であって、不必要な事を十の内の八、九もしている。また、つまらない不必要な事を実際に必要な事と思っている。これでは多忙であるというのももっともなことである。何かしようと、志を持っている人は、誤ってこのような心得ちがい（窠。欠点）をしてはいけない。

五　志の有ると無し

❖志《こころざし》有るの士は利刃《りじん》の如《ごと》し。百邪辟易《ひゃくじゃへきえき》す。志無きの人は鈍刀《どんとう》の如し。童蒙《どうもう》も侮《ぶ》翫《がん》す。

（言志録三三）

聖賢の道を学ばんと志す人は、鋭利な刀と同じで、多くの邪《よこしま》なるものが自然にしりごみして退く。これに反して、志の無い人は、あたかもなまくら刀と同じく、子供でさえも侮《あなど》ってばかにする（侮翫）。

六　心は隠せない

❖心の形《あら》わるる所は、尤《もっと》も言《げん》と色《いろ》とに在《あ》り。言を察して色を観《み》れば、賢不肖《ふしょう》、人廋《かく》す能《あた》わず。

（言志録三八）

心が最も外面に表れるところは、言葉と顔色とである。人のいう言葉をよく推察して、その人の顔色を見ると、その人がかしこいか愚《おろ》かであるかがわかるもので、人はそれを隠すことはできないものである。

七　足るを知る（知足）

❖分《ぶん》を知り、然《しか》る後に足《た》るを知る。

自分の身のほど（分）を知って、初めて現状に満足することを知る。

（言志録四一）

八　治己と治人は同じ

❖己《おのれ》を治むると人を治むると、只《た》だ是《こ》れ一套事《とうじ》のみ。自《みずか》ら欺《あざむ》くと人を欺くと、亦《また》只だ是れ一套事のみ。

自分を治めていく事と、他人を治めていく事とは、同じ事（套事）である。自分自身を欺く事と、他人を欺く事とは、これまた同じ事である。

（言志録六九）

九　心は天に由来

❖目を挙《あ》ぐれば、百物来処《らいしょ》有り。軀殻《くかく》父母より出《い》づるも、亦《また》来処なり。心に至りて

（言志録九七）

は、則《すなわ》ち来処何《いず》くにか在《あ》る。余曰《いわ》く、軀殻は是《こ》れ地気の精英にして、父母に由《よ》って之《これ》を聚《あつ》む。心は則ち天なり。軀殻成って天焉《これ》に寓《ぐう》し、天寓して知覚生じ、天離れて知覚泯《ほろ》ぶ。心の来処は乃《すなわ》ち太虚《たいきょ》是れのみ。

目をあげて見ると、万物には総《すべ》て因《よ》って来《きた》る（由来する）所がある。われわれの身体が両親から生まれ出てくるのも、また由来する所がある。しかるに、心に至っては、その由来する所はどこにあるのだろうか。私は次のように思う。すなわち、「われわれの肉体は地気の最もすぐれたもので、両親によって集められたものである。心は天なのである。肉体が完成すると、天が肉体に宿《やど》る（寓）のである。天が宿ると、はじめて知覚観念が生じ来り、天が肉体を離れると、知覚観念が無くなるのである。これによって見ると、心の由来する所は、大空（太虚）なのだ」。

（言志録一〇七）

一〇　性悪の原因

❖性の善を知らんと欲《ほっ》せば、須《すべか》らく先《ま》ず悪を為《な》すの由《よ》る所を究《きわ》むべし。人の悪を為すは、果たして何の為《ため》ぞ。耳目鼻口四肢《じもくびこうし》の為に非《あら》ずや。耳目有りて而《しか》る後に声色《せいしき》に溺《おぼ》れ、鼻口有りて而る後に臭味《しゅうみ》に耽《ふけ》り、四肢有りて而る後に安逸を縦《ほしいまま》にす。皆悪の由りて起る所なり。設《も》し軀殻《くかく》をして耳目鼻口を去り、打《だ》して一塊《かい》の血肉《けつにく》と做《な》さしめば、則ち此《こ》の人果たして何の悪を為す所あらんや。又性《せい》をして軀殻より脱せしめば、則ち此の性果たして悪を為すの想有りや否《いな》や。盍《なん》ぞ試みに一たび之を思わざる。

人の本性が善であることを知ろうとするならば、まずぜひとも何故《なにゆえ》に悪をなすのかを究めるべきである。人が悪をなすのは、はたして何のためであろうか。それは耳・目・鼻・口・手・足のためではなかろうか。耳や目があるので音楽や女色（声色）に溺れ、鼻や口があるので美香や美味に耽り、また手や足があるので安楽を貪《むさぼ》ろうとするのである。これらは総《すべ》て悪の起こる原因となる。もし、身体から耳目鼻口を取り除いて、一かたまりの血肉としたならば、この人ははたして、どのような悪をなすのであろうか。また、人の本性を身体から取り除いたならば、この本性ははたして、悪をなそうとする考えがあるのかどうか。試みに一度これを考えてみようではないか。

一一　聖人は欲を善用

（言志録一一〇）

❖人は欲無きこと能《あた》わず。欲は能《よ》く悪を為《な》す。天既《すで》に人に賦《ふ》するに性の善なる者を以《もっ》てして、而《しか》も又必ず之《これ》を溷《みだ》すに欲の悪なる者を以てす。天何《なん》ぞ人をして初めより欲無からしめざる。欲は果たして何の用ぞや。余謂《おもえ》らく、欲は人身《じんしん》の生気にして、膏脂《こうし》精液の蒸《じょう》する所なり。此《こ》れ有りて生き、此れ無くして死す。人身の欲気四暢《ちょう》し九竅《きょう》毛孔《もうこう》に由《よ》りて漏出す。因《よ》りて軀殻《くかく》をして其の願を熾《さかん》ならしむ。悪に流るる所以《ゆえん》なり。凡《およ》そ生物は欲無き能わず。唯《た》だ聖人は其の欲を善処に用いるのみ。

人間は無欲になることはできない。この欲が悪いことをする。天はすでに人に善性を与え、これを乱すものとして、欲という悪をもってした。天はどうして人に初めから欲を与えずにおかなかったのか。欲ははたして何の用になるのか。私が思うに、欲というのは、人間の生気にして、体の脂肪や精液の蒸発する所である。この欲があることによって人間は生き、これが無くなると死ぬのである。体の欲気が広がって、体の九つの穴や毛穴から出るのである。それによって、体に欲望を旺盛《おうせい》ならしめる。これが悪に流れるわけである。およそ生物は無欲になることはできない。ただ聖人はその欲を善い所に用いるだけである。

（言志録一一二）

一二　光陰を惜しむ

❖人は少壮の時に方《あた》りて、惜陰《せきいん》を知らず。知ると雖《いえど》も太《はなは》だ惜《お》しむに至らず。四十を過ぎて以後、始めて惜陰を知る。既《すで》に知るの時、精力漸《ようや》く耗《もう》す。故《ゆえ》に人の学を為《な》すには、須《すべか》らく時に及びて立志勉励するを要すべし。しからざれば則《すなわ》ち百悔《かい》すとも亦竟《つい》に益無し。

人は若くて元気さかんな時には、時間を惜しむ（惜陰）ことを知らない。知っていても、そんなに惜しむというほどでもない。四十歳を過ぎてから後になって、はじめて時間を惜しむことを知る。時間を惜しむことを知った時には、精力が次第に減退して衰える。それで、人は学問するには、若い時に志を立てて勉め励むべきである。そうしなければ、後になってどれだけ悔《く》いても、結局何の益もないことになる。

一三　死敬

❖人は明快灑落《めいかいしやらく》の処《ところ》無かる可《べ》からず。若《も》し徒爾《とじ》として畏縮趑趄《いしゆくさいしよ》するのみならば、只《た》だ是れ死敬《しけい》なり。甚事《なにごと》をか済《な》し得《え》ん。

（言志録一六〇）

人には、さっぱりとして気持がよく、また、さわやかでわだかまりのない（灑落）所がなくてはいけない。もし、いたずらに畏《おそ》れ縮《ちぢ》まり、ぐずぐずして行きなやむ（趑趄）のであれば、これは活《い》きた敬ではなく死んだ敬で、どんな事も成就するものではない。

一四　妄動するなかれ

❖処《しよ》し難《がた》きの事に遇《あ》わば、妄動《もうどう》することを得ざれ。須《すべか》らく幾《き》の至るを候《うかが》いて之《これ》に応ずべし。

（言志録一八二）

処置することの困難な物事に遇ったならば、分別《ふんべつ》もなく行動してはいけない。よい機会が到来するのを待って対応すべきである。

一五　私心を去れ

❖事を処するに理有《り》りと雖《いえど》も、一点の己《こ》を便ずる、挟《さしはさ》みて其の内に在《あ》れば、則《すなわ》ち理に於《お》いて則ち一点の障碍《しょうがい》を做《な》して、理も亦《また》暢びず。

（言志録一八二）

物事を処理する場合に、自分に筋道がたっていても、自分に便宜《べんぎ》になるという利己心が少しでもはたらいて（はさまれて）いたならば、道理にさまたげとなって、その道理がうまく通じなくなる。

一六　心は虚霊不昧

❖此《こ》の心霊昭不昧《れいしょうふまい》にして、衆理具《そな》わり、万事出《い》づ。果たして何《いず》れよりして之《これ》を得たる。吾《わ》が生の前、此の心何れの処《ところ》に放任する。吾が歿《ぼっ》するの後、此の心何れの処に帰宿《きしゅく》する。果たして生歿有るか、無きか。著想《ちゃくそう》して此《ここ》に到れば、凜凜《りんりん》として自《みずか》ら惕《おそ》る。吾が心即《すなわ》ち天なり。

（言志録一九八）

人間が具えている本心・本性は、霊妙にして昭明なもので、多くの道理もその心の中に具わっていて、事々物々《じじぶつぶつ》ことごとくこの心から発している。かかる昭明霊覚な心というものはどこから得たものであろうか。自分がこの世に生まれ出る以前、この心はどこに放たれたのであろうか。また、自分が死亡した以後、この心はどこに帰着するのであろうか。はたして生や死というものがあるのだろうか。このようなことを考えると、身にしむ思いがして畏《おそ》れ慎む気持になる。自分の心が天そのものであることを思うからである。

一七　良知と良能

❖乾《けん》は易《い》を以《もっ》て知《つかさど》るは良知《りょうち》なり。坤《こん》は簡《かん》を以て能《よ》くするは良能《りょうのう》なり。乾坤は太《たい》極《きょく》に統《す》べらる。知・能は一なり。

（言志録二〇四）

天が何の困難もなくたやすく万物を創造しているのは、人についていえば思慮を用いなくて自然に知る能力、すなわち良知にあたっている。地が天の創造した万物を、いとも簡単に育てているのは、人についていえば人から学ばなくても物事のできる能力、すなわち良能にあたっている。この天と地は、宇宙の根元である太極によって統一されているからして、良知や良能は別個のものではなく一つのものなのである。

一八　事多ければ煩《わずらい》多し

❖一物《ぶつ》を多くすれば、斯《ここ》に一事《じ》を多くし、一事を多くすれば、斯に一累《るい》を多くする。

（言志録二一九）

物が一つふえると、する事が一つふえることになる。する事が一つふえると、わずらわしさが一つふえることになる。

一九　似て非なるものを憎む

❖匿情《とくじょう》は慎密《しんみつ》に似たり。柔媚《じゅうび》は恭順に似たり。剛愎《ごうふく》は自信に似たり。故《ゆえ》に君子《くんし》は似て非なる者を悪《にく》む。

（言志録二二四）

感情を抑《おさ》えて外に出さないという意味の匿情は、慎み深くゆき届いたという意味の慎密によく似ている。柔《やわ》らかにして媚《こ》びへつらうという意味の柔媚は、慎み従うという意味の恭順によく似ている。強情《ごうじょう》で人に従わないという意味の剛愎は、自分の能力や価値や正しさを確信して疑わないという意味の自信によく似ている。それで、「君子は、似ているが、その実、ちがっているものを悪む」という。

二〇　心の霊光

❖人の世に処する、多少の応酬《おうしゆう》、塵労《じんろう》、鬧擾《とうじよう》有り。膠膠擾《こうこうじよう》擾《じよう》として起滅《きめつ》すること端《たん》無し。因《よ》って復《ま》た此《こ》の計較《けいこう》、揣摩《しま》、歆羨《きんせん》、慳吝《けんりん》、無量の客感妄想を生ず。都《すべ》て是れ習気之《これ》を為《な》すなり。之を魑魅《ちみ》、百怪の昏夜《こんや》に横行《おうこう》するもの、太陽の一たび出《い》づるに及べば、則《すなわ》ち遁逃《とんとう》して迹《あと》を潜《ひそ》むるに譬《たと》う。心の霊光は、太陽と明《ひかり》を並《なら》ぶ。能《よ》く其の霊光に達すれば、即《すなわ》ち習気消滅して之《これ》が嬰累《えいるい》を為すこと能《あた》わず。聖人之《き》を一掃して曰《いわ》く、何をか思い何をか慮《おもんぱか》らんと。而して其の思《しこう》は邪《おもい》無きに帰《よこしま》す。邪無きは即ち霊光の本体なり。

（言志後録九）

人間がこの世に処してゆくには、少しは、人との交際もしなければならないし、煩悩《ぼんのう》（塵労）のために迷うこともある。色々な事が動き乱れ（膠膠擾擾）、起きたり無くなったりして限りがない。よって、計り較《くら》べたり、推量したり、羨《うらや》みねたんだり（歆羨）、けちってみたり（慳吝）、実に限りなく周囲の環境から起こる感情や妄念《もうねん》が色々と生じてくる。これらはことごとく、世間の慣習のなすところのものである。色々な妖怪が、夜の暗闇《くらやみ》の中で勝手気ままに振る舞っているが、太陽が出て明るくなると、逃げかくれて、迹形《あとかた》も無くなってしまうように、心の霊妙な光は、太陽と明るさを同じくしている。心が霊光に達したならば、妄念邪気は消え去って、それらが禍《わざわ》いをなすことはない。聖人は、これを一口に言うには、「何を思おうか、何を考えようか（何も思考する所はない）」と。つまり、われわれの思いに、邪念が無くなればそれでよいことになる。この邪念の無いということが、心の霊光の本体なのである。

（言志後録一〇）

二一　言葉を慎む

❖天地間の霊妙、人の言語に如《し》く者莫《な》し。禽獣《きんじゅう》の如きは徒《ただ》に声音《せいおん》有りて、僅《わず》かに意《い》嚮《こう》を通ずるのみ。唯《た》だ人は則《すなわ》ち言語有りて、分明《ぶんめい》に情熱を宣達《せんたつ》す。又抒《の》べて以て文辞と為《な》さば、則ち以て之《これ》を遠方に伝え、後世に詔《つ》ぐ可《べ》し。一に何《なん》ぞ霊なるや。惟《た》だ是《かく》の如く之《こ》れ霊なり。故《ゆえ》に其の禍階《かかい》を構《かま》え、釁端《きんたん》を造《な》すも亦言語に在《あ》り。譬《たと》えば猶《なお》利剣《りけん》の善《よ》く身を護《まも》る者は、輒《すなわ》ち復《ま》た自《みずか》ら傷つくるがごとし。慎まざる可けんや。

天地の間で霊妙不可思議なものといえば、人の言葉に及ぶものはない。鳥や獣はただ音声を出すだけで、それによって、やっと相互の意思を通じ合うだけである。ただ人間だけは、言葉があって、はっきりと自分の感情や意思をのべ伝える（宣達）ことができる。また、心に思うことをのべて文章とするならば、これを遠方の人々にも送り伝え、後世の人々にも告げ知らせることができる。どうしてこんなに霊妙不可思議なものなのだろうか。ただこのように霊妙不可思議なものであるから、禍《わざわい》や争《あらそい》の起こる発端（禍階）をつくるのもまた言葉である。譬えてみれば、鋭利な剣は身を護るものではあるが、容易にまた己《おの》が身を傷つけるようなものである。それで、言葉は、慎まなければならない。

二二一　敬の本質

（言志後録二二一）

❖心に中和《ちゆうわ》を存《そん》すれば、則《すなわ》ち体《たい》自《おのずか》ら安舒《あんじよ》にして即《すなわ》ち敬なり。故《ゆえ》に心広く体胖《ゆた》かなるは敬なり。徽柔懿恭《きじゆういきよう》なるは敬なり。申申夭夭《しんしんようよう》たるは敬なり。彼《か》の敬を視《み》ること、桎梏《しつこく》・徽纆《きぼく》の若《ごと》く然《しか》る者は、是《こ》れ贋敬《がんけい》にして真敬に非《あら》ず。

人はいつも感情が偏《かたよ》らず万事よろしきを得るという中和の心を持っておれば、身体は自然と落ち着いてのびのび（安舒）してくる。これが、すなわち敬である。それで、『大学』に「心広く平らかであれば、身体は常にゆったりとしている」とあるのも敬である。『書経』に文王《ぶんおう》の徳を称賛して「善《よ》く柔らかく美《うるわ》しく恭《うやうや》しく（徽柔懿恭）」とあるのも敬である。『論語』に孔子の容貌について「ゆったりとして、おだやかである（申申夭夭）」とあるのも敬である。しかるに、敬を、手かせ足かせや縄で縛《しば》ったように窮屈なものと見るならば、それは偽物《にせもの》の敬であって真の敬ではない。

（言志後録二九）

二三　中道の会得

❖中《ちゅう》の字は、最も認め叵《がた》し。愞弱《ぜんじゃく》の人の認めて以て中と為《な》す者は、皆及ばざるなり。気魄《きはく》の人の認めて以て中と為す者は、皆過ぎたるなり。故《ゆえ》に君子《くんし》の道鮮《すくな》し。

過不及《かふきゅう》の無い「中」というものは、なかなか会得しにくいものである。気の弱い（愞弱）人が「中」だと思うものは、総《すべ》て「中」に及ばないものである。それとは反対に、何ものにも屈しない強い意思の人が「中」だと考えるものは、総て「中」を過ぎたものである。それ故に、君子の道とされている「中」は会得出来ない。

二四　人間と禽獣の違い

❖操《と》れば則《すなわ》ち存《そん》するは人なり。舍《す》つれば則ち亡《ほろ》ぶは禽獣《きんじゅう》なり。操舎《そうしゃ》は一刻にして、人禽判《わか》る。戒めざる可《べ》けんや。

（言志後録三五）

善なる本性をしっかり守って失わないようにしているのは人間である。それを捨てて無くしているのが禽獣である。執《と》り守るのも捨てるのも、ほんのわずかの違いであって、ただそれだけで人間と禽獣の判別がつく。戒めないでよかろうか。戒めなければいけない。

二五　善悪・是非・愛敬

❖人は当《まさ》に自《みずか》ら母胎《ぼたい》中に在《あ》るの我れの心意《しんい》果たして如何《いかん》を思察すべし。又当に自ら出胎後《しゅったいご》の我れの心意果たして如何を思察すべし。人皆並《ならび》に全《まった》く忘れて記せざるなり。然《しか》れども我が体《たい》既に具《そな》われば、必ず心意有り。則《すなわ》ち今試みに思察するに、

（言志後録七一）

胎胞《たいほう》中の心意、必ず是《こ》れ渾然《こんぜん》として純気専一《じゅんきせんいつ》に、善も無く悪も無く、只《た》だ一点の霊光有るのみ。方《まさ》に生ずるの後、霊光の発竅《はっきよう》、先ず好悪《こうお》を知る。好悪は即《すなわ》ち是非なり。即ち愛を知り敬を知るの由《よ》りて出《い》づる所なり。

（言志後録一〇五）

人は自ら、母胎の中にあった自分の心がどうであったかを考えてみるべきである。また、母胎から出た自分の心がどうであったかを考えてみるべきである。だれでも皆すっかり忘れてしまって記憶してはいない。しかしながら、自分の体はすでに具わっているのであるから、必ず心があるわけである。それで、いま試みに考えてみると、母胎内にあった心は、必ず同じ一つの純粋な気であって、善も無く悪も無く、ただ一つの霊妙な光明（良知・仏性）があるだけである。この世の中に母胎から生まれ出ると、この心の霊光が現れて、まず最初に物の善悪を知りわける。この善悪は、すなわち是非である。それによって愛と敬とを知るに至るのである。

二六　人の心とは

❖人は当《まさ》に自《みずか》ら我《われ》に軀《み》有るを認むべし。軀は何物たるか。耳は天性の聡《そう》有り、目は天性の明《めい》有り、鼻口は天性の臭味《しゅうみ》有り、手足は天性の運動《うんどう》有り。此《こ》の物や、各《おの》おの一に専《もっぱら》にして、而《しか》も自ら主たる能《あた》わざれば、則《すなわ》ち其の物と感応して、物の外自《よ》り至る、或《ある》いは耳目《じもく》を塗《と》し、鼻口を膠《こう》し、其の牽引《けんいん》する所と為《な》りて、以て其の天性を拗《よう》する有り。故《ゆえ》に人の善を為すは、固《もと》より是《こ》れ自然の天性にして、悪を為すも亦是《こ》れ拗後《ようご》の天性なり。其の体軀《たいく》に渉《わた》り、是《かく》の如きの危《き》を以て、呼びて人心《じんしん》と做《な》す。

人は自ら自分に身体が具《そな》わっていることを認識しなければいけない。身体とは何物なのか。耳には生まれつきよく聞こえる鋭敏さがあり、目には生まれつきよく物を見る明敏さがあり、鼻や口には生まれつきよく匂《にお》いをかぎ、よく物の味を知る働きがあり、手足は生まれつきよく運動する機能を具えている。

これらの器官は各々《おのおの》一部分を受け持つものであって、全体を司《つかさど》ることはできないから、外界の物に感応し、物が外から至れば、耳や目が塗《ぬ》りつぶされたり、鼻や口がにかわで張られたり、外物《がいぶつ》のために引き寄せられて、生まれつきの自然な機能がおさえられて自由に働かなくなってしまうものである。

それ故に、人が善をなすのは、元来、天然自然の本性によるものであるが、悪をなすのもまた、外物におさえられるという天性の機能によるものである。天性の機能は身体の各部分に及んでいて、外物の悪い影響を受ける危険性があるからして、これを人心というのである。

二七　和と介

❖寛懐《かんかい》にして俗情に忤《さから》わざるは和《わ》なり。立脚して俗情に堕《お》ちざるは介《かい》なり。

（言志後録一一一）

心持が広くゆったりとしていて、俗世間の流れに逆らうことをせず、それに順《したが》ってゆくことが「和」である。自分の立場をしっかり守って、世俗の流れに巻き込まれないのが「介」である。

二八　人情と天理

❖誣《し》う可《べ》からざる者は人情にして、欺《あざむ》く可からざる者は天理なり。人皆之《これ》を知る。蓋《けだ》し知って而《しか》も未《いま》だ知らず。

（言志後録一一七）

偽《いつわ》ることのできないのは人情であって、欺くことのできないのは天理（天然自然の道理）である。人は誰でもこれを知っている。おそらく、これを知っているようではあるが、しかしまだ本当に会得していない。

二九　知と行は一体一枚

❖知《ち》は是《こ》れ行《こう》の主宰《しゅさい》にして乾道《けんどう》なり。行は是れ知の流行にして坤道《こんどう》なり。合《がっ》して以て体軀《たいく》を成せば則《すなわ》ち知行《ちこう》なり。是れ二にして一、一にして二なり。

（言志後録一二七）

人間は知と行の二つの機能を具《そな》えているが、その知は行を司《つかさど》るものであるから、地を支配する天道の如《ごと》きものであるし、その行は知の流行したものであるから、地道の如きものである。この知行の両面が合して身体の機能を形成している。知と行は一心の作用にして、譬《たと》えば物の表裏《ひょうり》の如きものであって、二つのようであるが一つであり、一つであるが二つでもある。

三〇　人情は水の如し

❖人情《にんじょう》は水の如《ごと》し。之《これ》をして平波《へいは》穏流《おんりゅう》の如くならしむるを得《え》たりと為《な》す。若《も》し然《しか》らずして之《これ》を激し之を壅《ふさ》がば、忽《たちま》ち狂瀾怒濤《きょうらんどとう》を起さん。懼《おそ》れざる可《べ》けんや。

（言志後録一六九）

人情はこれを喩《たと》えてみると、水のようなものである。それで、人情の水を平穏な波や流れにさせるのが最も当《とう》を得たやり方である。もし、そうではなくて、これを怒らせたり、塞《ふさ》ぎ止めたりしたならば、すぐに怒り狂った大波をまき起こすことになるであろう。人情も水と同様であるからして、おそれ慎まないでよかろうか。おそれ慎むべきである。

三一　贈り物には人の心が宿る

❖物には心無し。人の心を以《もっ》て心と為《な》す。故《ゆえ》に人の贈る所の物、必ず其の人と同気なり。失意の人、物を贈れば物も失意を以て心と為し、豪奢《ごうしゃ》の人、物を贈れば物も豪奢を以て心と為し、喪人《そうじん》、物を贈れば物も喪を以て心と為し、佞人《ねいじん》、物を贈れば物も佞を以て心と為す。

（言志後録一七五）

物には心はないが、人の心をもって心とするからして、人が贈る物はその贈る人と同じ心であるといえる。すなわち、失望した人が物を贈ればその物には失意の心があるし、奢《おご》る人が物を贈れば、その物には豪奢の心があるし、世を逃れている人（喪人）が物を贈れば、その物には喪の心があるし、心のよくない人（佞人）が物を贈れば、その物には佞の心が宿《やど》っている。

三二、似て非なるもの

❖養望《ようぼう》の人は高《こう》に似《に》、苛察《かさつ》の人は明《めい》に似、円熟《えんじゆく》の人は達《たつ》に似、軽佻《けいちょう》の人は敏《びん》に似、愞弱《ぜんじゃく》の人は寛《かん》に似、拘泥《こうでい》の人は厚《こう》に似たり。皆似て非なり。

（言志後録一九一）

名声と人望を得ようと心がけている人は志が高いようであり、厳しく人の欠点を責めたてる人は道理に明るいようであり、熟練して上達した人は事理に精通（通達）しているようであり、軽率な人はすばしこい（敏捷《びんしょう》）ようであり、気が弱い（愞弱）人はおうよう（寛大）なようであり、融通のきかない人は人情に厚くて誠実なようである。しかし、これらはみな似てはいるが、まったく違ったものである。

三三　王陽明の箴言《しんげん》

❖「心躁《そう》なれば則《すなわ》ち動くこと妄《もう》、心蕩《とう》なれば則ち視《み》ること浮《ふ》、心歉《けん》なれば則ち気《き》餒《う》え、心忽《こつ》なれば則ち貌《かたちおこた》惰り、心傲《ごう》なれば則ち色《いろほこ》矜る」。昔人《せきじんかつ》嘗て此《こ》の言《げん》有り。之《これ》を誦《しょう》して覚《おぼ》えず惕然《てきぜん》たり。

（言志後録二一九）

「心が動揺していらいらすると、動作が乱雑になる。心にしまりがないと、見ることも浮わついて落ちつかない。心が満足しないと、気力が衰えてくる。心をおろそかにすると、顔《かお》形《かたち》もしまりがない。心におごる所があると、顔色にも横柄《おうへい》な所が見られる」と王陽明《おうようめい》が言ったが、自分はこれを読んで、畏《おそ》れ慎まなければならないことだと痛感した。

三四　せっかちは事成らず

❖肝気《かんき》有る物は多く卞急《べんきゅう》なり。又《また》物を容《い》るること能《あた》わず。毎《つね》に人和《じんわ》を失う。故《ゆえ》に好《こう》意思《いし》有りと雖《いえど》も、完成する耐《あた》わず。或《あるひと》い謂う、「稍《やや》肝気有れば、卻《かえ》って能《よ》く事を了《りょう》す」と。余は則ち謂う、「肝気悪《いずく》んぞ能く事を済《な》さん。僅《わず》かに一室を灑掃《さいそう》するに足《た》

（言志後録二二六）

るのみ」と。

よく怒る人はたいてい気短で落ちつきがなく（卞急）て、人を容れるような度量を持っていない。平生人と調和することをしない。それで、よい考えがあっても、物事を完成さすということができない。ある人が「少しは怒気があった方が、かえって物事を成す」というが、自分は「よく怒るせっかちな者がどうして物事を終わりまで為《な》し遂《と》げることができようか。できることではない。ただほんの少し室《へや》の掃除（灑掃）をするのが精いっぱいだ」といいたい。

（言志後録二四〇）

三五　六十六歳感想

❖余自《みずか》ら視・観・察を翻転《ほんてん》して、姑《しばら》く一生に配せんに、三十已下《いか》は視の時候に似たり。三十より五十に至るまでは、観の時候に似たり。五十より七十に至るまでは、察の時候に似たり。察の時候は当《まさ》に知命《ちめい》・楽天《らくてん》に達すべし。而《しこう》して余の齢《よわい》今六十六にして、猶《な》お未《いま》だ深く理路に入《い》る能《あた》わず。而《しか》るを況《いわん》や知命・楽天に於《お》いてをや。余齢幾《よれいいく》ばくも無し。自ら励まざる容《べ》からず。天保丁酉瓜月《てんぽうひのととりかづき》記す。

『論語』に「其の以《な》(為)す所を視《み》、其の由《よ》る所を観《み》、其の安《やす》んずる所を察《さっ》す」とあるが、自分はこの視・観・察をかえて一生涯に配してみると、三十歳以下は何事も浅く雑に見るから視の時代に似ており、三十歳から五十歳までは視よりも念を入れて見るから観の時代に似ており、五十歳から七十歳までは前よりもより精《くわ》しく考えるから察の時代に似ているといえる。この察の時代には、天命を自覚して、人生を楽しくする(知命・楽天)ようにすべきである。

自分の年は六十六にもなって、まだ深く道理の道に至ることができない。まして天命を自覚し安心立命《あんじんりゅうみょう》することはでき難《がた》い。自分は余命あとわずかであるから、うんと励まなければいけない。(天保八年〈一八三七〉七月、一斎六十六歳記す)

三六　本心あるを自覚せよ

(言志晩録一〇)

❖学者は当《まさ》に先《ま》ず自《みずか》ら己《おのれ》の心有るを認むべし。而《しか》る後に存養《そんよう》に力を得《う》。又当に自ら己の心無きを認むべし。而る後に存養に効を見る。

学問を志す者は、まず自己自身に本心・本性が本来そなわっていることを自覚しなければいけない。そのようにしてはじめて、本心を存養（失わぬように修養）する上で大いに得る所がある。また、自ら人心（欲心）や邪念が本心ではないことを自覚しなければいけない。そうしてはじめて、本心を存養する上で効果が見られる。

三七　自得は己にあり

❖自得《じとく》は畢竟《ひっきょう》己《おのれ》に在《あ》り。故《ゆえ》に能《よ》く古人《こじん》自得の処《ところ》を取りて之《これ》を鎔化《ようか》す。今人《こんじん》自得無し。故に鎔化も亦能《あた》わず。

（言志晩録五六）

自分が悟り得た所のものは、つまり自分のたえざる努力にあるのである。よく昔の人の自得した所のものを会得してこれを自分のものとするが、今の人は自得する所が無いから、古人の自得したものを、自分のものとする（鎔化）こともできないのである。

三八　今の学者の短所

❖今の学者は、隘《あい》に失わずして博《はく》に失い、陋《ろう》に失わずして通《つう》に失う。

（言志晩録六二）

今の学者は、学問や見識が狭《せま》いのでしくじるのではなく、かえってその広博なためにしくじるのである。その学問や見識が浅いのでしくじるのではなく、かえって万事に通達しているためにしくじるのである。

（言志晩録八一）

三九　真己を知り得るには

❖暗夜《あんや》に坐《ざ》する者は体軀《たいく》を忘れ、明昼《めいちゅう》に行く者は形影《けいえい》を弁《べん》ず。

暗夜に静坐している者は、忘我《ぼうが》の境地になって、真己《しんこ》（本心・本性）を知り得ることができるが、夜中静坐する者と異なって自己の本心・本性を忘れている。明るい昼間、歩行する者は、自分の姿や影をはっきり見分けることができる。

（言志晩録一〇三）

四〇　彼を知り己を知る

❖彼《かれ》を知り己《おのれ》を知れば、百戦百勝す。彼を知るは難《かた》きに似て易《やす》く、己を知るは易きに似て難し。

兵法家孫子《そんし》の言葉に「敵情をよく知り、味方の情勢をよく知るならば、百戦百勝する」とある。ところで敵情を知ることは困難なように見えてその実、容易であるが、味方の情勢を知ることは容易なように見えてその実、困難である。

四一　勝って驕らず、負けて挫けず

❖戦伐《せんばつ》の道、始《はじ》めに勝つ者は、将卒必ず驕《おご》る。驕る者は怠《おこた》る。怠る者は或《ある》いは終《つい》に衄《じく》す。始めに衄する者は、将卒必ず憤《いきどお》る。憤る者は厲《はげ》む。厲む者は遂《つい》に終《おわ》りに勝つ。故《ゆえ》に主将たる者は、必ずしも一時の勝敗を論ぜずして、只《た》だ能《よ》く士気を振《しん》厲《れい》し、義勇を鼓《こ》舞《ぶ》し、之《これ》をして勝って驕らず、衄して挫《くじ》けざらしむ。是《こ》れを要と為《な》すのみ。

（言志晩録一一九）

戦いの常道というものは、始めに勝った者は、大将も兵卒も共に必ず慢心を起こして油断する。慢心を起こす者はなまける。なまける者はどうかすると終わりには敗北（衄）する。これに対して、始めに敗北した者は、大将も兵卒も共に必ず発憤する。発憤する者は奮励（振厲）する。奮励する者は遂に最後には勝利を得る。それで、軍を統率する大将たる者は、一時の勝敗にこだわることなく、ただよく士気を振るい励まし、義に勇む心持を鼓舞し、兵卒をして勝っても慢心を起こさず、敗北しても挫折《ざせつ》させないようにする。これが肝要なことなのである。

四二　果断は正義と智慧から

❖果断は義《ぎ》より来《きた》る者有り、智《ち》より来る者有り、勇《ゆう》より来る者有り、義と智とを并《あわ》せて来る者有り、上《じょう》なり。徒勇《とゆう》のみなるは殆《あやう》し。

（言志晩録一五九）

物事を思い切って行うということは、正義から来ることもあり、智慧から来ることもあり、勇気から来ることもある。また、正義と智慧とを合わせて来る場合がある。これが最上の果断である。ただ勇気だけから来る果断は誠に危険である。

四三　自分の職分を尽くせ

❖人の事を做《な》すは、各々《おのおの》本職有り。若《も》し事、職外に渉《わた》らば、仮令《たとい》功有りとも、亦多

（言志晩録一六四）

く釁《きん》を取る。譬《たと》えば、夏日《かじつ》の冷《れい》、冬日《とうじつ》の煖《だん》の如《ごと》し。宜《よろ》しきに似て宜しきに非《あら》ず。

人が仕事をなすには、それぞれ本業がある。本業以外の仕事をなして、たとえ成功したとしても、仲たがい（釁）を生ずる。それはあたかも、暑い夏に寒い日があったり、寒い冬に暖かい日があったりするようなものである。よさそうに見えて実際はよくない。

（言志晩録一六五）

四四　人には各々好みあり

❖人には各々好尚《おのおのこうしよう》有り。我が好尚を以《もっ》て、彼の好尚と争うは、究《つい》に真の是非《ぜひ》を見ず。大抵《たいてい》、事の真の是非に干《あずか》らざるは、彼の好尚に任ずるも、亦何の妨げか有《さまた》らん。乃《すなわ》ち嘵嘵《きようきよう》として己《おのれ》に憑《よ》りて、以て銖錙《しゆし》を角争《かくそう》するは、秖《ただ》に局量の小なるを見るのみ。

人には各々すき好みがある。それで自分のすき好みをもって、他人のすき好みと比べて非難したり争ったりしても、真実の是非を定めることにはならない。たいていの事で、真の是非に関係のないことは、相手の好みに任せても、また何の妨げがあろうか。それなのに、びくびくして（嘵嘵）自分を標準にして、わずかな点（銖錙）について他人と争うのは、ただその人の度量の小さいことを表すだけである。

四五　人はみな同胞

❖天下の人は皆同胞《どうほう》たり。我れ当《まさ》に兄弟《けいてい》の相《そう》を著《つ》くべし。天下の人は皆賓客《ひんかく》たり。我れ当に主人の相を著くべし。兄弟の相は愛なり。主人の相は敬なり。

（言志晩録一八五）

天下の人は総《すべ》て同じはらから出た兄弟姉妹であるから、兄弟姉妹のようにして付き合わなくてはいけない。また、天下の人はことごとく客人であるから、主人のようにして大切に対応しなければいけない。兄弟のようにしていくということは愛（いつくしむ、したしむ）であり、主人のようにしていくということは敬なのである。

四六　愛敬の心

❖愛敬《あいけい》の心は即《すなわ》ち天地生生の心なり。草木を樹芸《じゅげい》し、禽虫《きんちゅう》を飼養するも、亦唯《た》だ此《こ》の心の推《すい》なり。

（言志晩録一八八）

愛し敬《うやま》う心というものは、天地が万物を生々化育《せいせいかいく》する心と同じである。草木を植えたり(樹芸)、または鳥や虫などを飼育することも、愛敬の心を推し進めたものである。

四七　過去は将来への起点

❖人は皆将来を図《はか》るも而《しか》も過去を忘る。殊《こと》に知らず、過去は乃《すなわ》ち将来の路頭《ろとう》たるを。分《ぶん》を知り足《た》るを知るは、過去を忘れざるに在《あ》り。

(言志晩録一九三)

人はだれでもこれから先のことについてはよく考えるが、過ぎ去ったことを忘れてしまっている。ことに、過去が将来への起点であることを知っていない。自分の分限《ぶんげん》を知り現状に満足して貪《むさぼ》らないということは、過去を忘れないということにある。

四八　慚愧《ざんき》と懺悔《ざんげ》

❖人は恥《はじ》無かる可《べ》からず。又悔《くい》無かる可からず。悔を知れば則《すなわ》ち悔無く、恥を知れば則ち恥無し。

(言志晩録二四〇)

人間たる者は、恥を知るということが無ければならない。また、悔い改めるということが無ければならない。悔い改めるということを知っておれば、悔い改めるということは無くなり、恥を知るということを知っておれば、恥をかくということは無くなる。

四九　大才と小才

❖小才《しょうさい》は人を禦《ふせ》ぎ、大才《だいさい》は物を容《い》る。小智《しょうち》は一事に耀《かがや》き、大智《だいち》は後図《こうと》に明らかなり。

（言志晩録二四九）

小才《こさい》のきく人は、人をこばんで入れないが、すぐれた器量の人は、人を包容していく。浅い智慧はちょっとした事には役立つが、それは一時的なもので、これに対して、すぐれた智慧は後々《のちのち》の世までも残る立派な計画を確立する。

五〇　一生の念願

❖我《わ》れより前《まえ》なる者は、千古万古にして、我れより後《のち》なる者は、千世万世なり。

（言志晩録二八三）

仮令《たとい》我れ寿《じゅ》を保つこと百年なるも、亦一呼吸の間のみ。今幸《さいわ》いに生まれて人となれり。庶幾《こいねがわ》くは人たることを成《な》して終らん。斯《こ》れのみ。本願此《ほんがんここ》に在り。

自分が生まれる以前は幾千万年経過したかわからず、また自分より以後も幾千万年続くかわからない。たとえ、自分が百年の寿命を保つことができたとしても、宇宙の悠久なるに比べれば、ほんの一呼吸する一瞬間に過ぎない。現在、幸いなことに人間としてこの世に生まれてきたので、人としての使命を全《まっと》うして一生を終わりたい。ただそれだけである。自分の一生の念願はここにあるのである。

五一　死もまた生

❖生《せい》は是《こ》れ死《し》の始め、死は是れ生の終り。生《しょう》ぜざれば則ち死せず。死せざれば則ち生ぜず。生は固《もと》より生、死も亦《また》生。「生生之《これ》を易《えき》と謂《い》う」とは、即《すなわ》ち此《これ》なり。

（言志晩録二八五）

生とは死の始めであり、死とは生の終わりである。生まれるということが無ければ死ぬということも無いし、また、死ぬということが無ければ生まれるということも無い。生はもちろん生であるが、死もまた生（生の終わりであり生の始めであるから）なのである。『易経《えききょう》』に

「生生して止まないことを易という」とあるのは、このことなのである。

五二　立志の立の字義

❖立志の立の字は、竪立《じゆりつ》・標置《ひようち》・不動《ふどう》の三義を兼《か》ぬ。

（言志耋録一二二）

立志の立という字は、真直《まつすぐ》に立つという竪立と、目印をする（または目立つようにする）という標置と、しっかりして動かぬという不動の三つの意義を兼ねている。

五三　克己の工夫

❖気象《きしよう》を理会《りかい》するは、便《すなわ》ち是《こ》れ克己《こつき》の工夫なり。語黙動止《ごもくどうし》、都《すべ》て篤厚《とくこう》なるを要し、和平《わへい》なるを要し、舒緩《じよかん》なるを要す。粗暴なること勿《なか》れ。激烈なること勿れ。急速なること勿れ。

（言志耋録二三九）

自分の気性を理解することは、これすなわち自己にうち克《か》つ工夫である。語ることも黙ることも動くことも止まることも、総《すべ》て親切で手厚くあり、おとなしくて穏やかであり、ゆるやかでゆったり（舒緩）しておらなければいけない。あらあらしくしてはいけないし、極《きわ》めて激しくしてもいけないし、気ぜわしくしてもいけない。

五四　真己《しんこ》と仮己《かこ》

❖真の己《おのれ》を以《もつ》て仮《かり》の己に克《か》つは天理なり。身の我れを以て心の我れを害するは人欲《じんよく》なり。

（言志耋録四〇）

自己には真の自己と仮の自己とがあって、真の自己をもって仮の自己に打ち克つのは天の道理である。これに対して、物質的・感性的な自己をもって精神的な内在的自己を阻害するのは人欲（我欲・私欲）である。

五五　赤子の心

❖人の童子たる時は、全然《ぜんぜん》たる本心なり。稍《やや》長ずるに及んで、私心《ししん》稍生じ、既《すで》に成立すれば、則ち更《さら》に世習《せしゅう》を夾帯《きょうたい》して、而して本心殆《ほとん》ど亡ぶ。故《ゆえ》に此《こ》の学を為《な》す

（言志耋録五一）

者は、当《まさ》に能《よ》く斬然《ざんぜん》として此の世習を祛《さ》り以て本心に復《ふく》すべし。是《これ》を要と為す。

人が幼い子供の時は、完全に真実の心を持っている。少し成長すると、欲心が少し起きてくる。もはや一人前になると、その上さらに世俗の習慣になれて真心をほとんど失ってしまうのである。それで、聖人の学問をする者は、常によくきっぱりと（斬然）、この世俗の習慣を除き去って、本来の真心に復帰すべきである。このことが最も肝要なのである。

（言志耋録五六）

五六　道心と人心

❖知らずして知る者は道心《どうしん》なり。知って知らざる者は人心《じんしん》なり。

別に知ろうとしなくても自然に（物の道理を）知ることのできるのは道心（本然《ほんぜん》の心）なのである。知っているようであって存知《ぞんち》していないのは人心（欲心・私心）なのである。

（言志耋録六八）

五七　霊性の究明

❖人心《じんしん》の霊なること太陽の如《ごと》し。然《しか》るに但《た》だ克伐怨欲《こくばつえんよく》、雲霧《うんむ》四塞《しそく》すれば、此《こ》の霊烏《いずく》にか在《あ》る。故《ゆえ》に誠意の工夫は、雲霧を掃《はら》いて白日《はくじつ》を仰ぐより先《せん》なるは莫《な》し。凡《およ》そ学を為《な》すの要は、此《これ》よりして基《もとい》を起す。

人の心の霊昭なることは、あたかも太陽が光り輝いているようなものである。ただ克《こく》（人に勝つことを好む）・伐《ばつ》（自ら功をほこる）・怨《えん》（怒り恨《うら》む）・欲《よく》（貪欲《どんよく》）の四つの悪徳が起こると、あたかも雲や霧が起こって四方を塞《ふさ》ぎ、太陽が見えなくなるのと同じように、心霊がどこにあるかわからなくなる。それで、誠意の工夫をもって、この雲霧（四悪徳）を掃《はら》いのけて、照り輝く太陽、すなわち霊明な心を仰ぎみることが何よりも肝要である。

（言志耋録一〇二）

五八　夢（一）

❖感は是《こ》れ心の影子《えいし》にして、夢は是れ心の画図《がず》なり。

感覚や感情というものは、心に映った物の影なのである。夢というものは、心に映った物の絵なのである。

五九　夢（二）

❖人を知るは難《かた》くして易《やす》く、自《みずか》ら知るは易くして難し。但《た》だ当《まさ》に諸《これ》を夢寐《むび》に徴《ちょう》して以て自ら知るべし。夢寐は自ら欺《あざむ》く能《あた》わず。

（言志耋録一〇五）

他人のことについて知るのは難しいようであるが易しく、自分のことを知るのは易しいようで難しい。ただ、自分のことは夢に徴して知ることができる。夢は自らを欺くことはできない。

六〇　恩恵

❖我れ恩を人に施《ほどこ》しては忘る可《べ》し。我れ恵《めぐ》みを人に受けては忘る可からず。

（言志耋録一六九）

自分が恩恵を人に施した場合は、これを忘れるべきであるが、しかし自分が恩恵を人から受けた場合は、決して忘れてはいけない。

六一　似非《えせ》を見わける

❖執拗《しつよう》は凝定《ぎようてい》に似たり。軽遽《けいきよ》は敏捷《びんしよう》に似たり。多言《たげん》は博識《はくしき》に似たり。浮薄《ふはく》は才慧《さいけい》に似たり。人の似たる者を視《み》て、以《もつ》て己《おのれ》を反省すれば可《か》なり。

（言志耋録一七八）

「頑固でしつこい」ということは「信念の堅固（凝定）」なのに似ている。「かるはずみ（軽遽）」ということは「すばしこい」のに似ている。「口数が多い」ということは「物知り」に似ている。「あさはかで軽々しい」ということは「才智があってかしこい（才慧）」のに似ている。人の似て非なるものを見て、自分を反省するのがよい。

六二　忠と恕

❖忠《ちゆう》の字は宜《よろ》しく己《おのれ》に責むべし。諸《これ》を人に責むること勿《なか》れ。恕《じよ》の字は宜しく人に施《ほどこ》すべし。諸を己に施すこと勿れ。

（言志耋録一八七）

忠の字は誠実・真心という意味であるが、自分に対して忠であるかどうかを責めとがめることはよいが、これを人に対して責めとがめることはいけない。恕の字は「思いやる」とか

「あわれむ」という意味であるが、これを人に対して施すことはよいが、自分に対してなすべきことではない。

六三　自己の本分を知れ

❖人は皆往年《おうねん》の既《すで》に去るを忘れて、次年《じねん》の未《いま》だ来《きた》らざるを図《はか》り、前日《ぜんじつ》の已《すで》に過ぐるを舍《す》てて、後日《こうじつ》の将《まさ》に至らんとするを慮《おもんぱか》る。是《ここ》を以《もっ》て百事苟且《こうしょ》、終日齷齪《あくさく》し以て老死に至る。嘆《たん》ず可《べ》きなり。故《ゆえ》に人は宜《よろ》しく少壮の時に困苦有り艱難《かんなん》有るを回顧して、以て今の安逸《あんいつ》なるを知るべし。是《こ》れ之《これ》を自《みずか》ら本分を知ると謂《い》う。

（言志耋録二八四）

人はみな既《すで》に過ぎ去った年のことを忘れてしまって、まだやってこない翌年のことを考えて計画し、また過ぎ去った前日のことを捨てておいて、これからこようとする後日のことについて心配する。それで、万事いい加減（苟且）になって、一日中こせこせして、ついに年をとって死んでしまうことは誠に嘆かわしいことである。それ故に、人は若い頃の苦しみ悩んだことを思い出して、現在安らかに楽しんでいられることの有難さをよく知るがよい。これは自分で自分の身のほどを知るということである。

六四　死生は重大事

❖釈《しゃく》は死生《しせい》を以《もっ》て一大事と為《な》す。我れは則《すなわ》ち謂《い》う、「昼夜は是《こ》れ一日の死生にして、呼吸は是れ一時の死生なり。只《た》だ是れ尋常の事のみ」と。然《しか》るに我れの我れたる所以《ゆえん》の者は、蓋《けだ》し死生の外《そと》に在《あ》り。須《すべか》らく善《よ》く自《みずか》ら覔《もと》めて之《これ》を自得《じとく》すべし。

（言志耋録三三七）

仏教では死生を人生の重大事としている。自分は「昼と夜とは一日の生と死であり、吸う息とはく息とは一時の生と死であって、ただこれは日常普通の事である」と思っている。しかし、自分の自分たるところのもの（本心・本性）は、死生の外にある。それで、このことをよく自ら探し求めて、自ら体得しなければいけない。

佐藤一斎と『言志四録』

久須本　文雄

一　佐藤一斎略伝

佐藤一斎は江戸の人で、名は坦《たん》、字《あざな》は大道《だいどう》、通称は捨蔵《すてぞう》、一斎のほかに愛日楼《あいじつろう》とも老吾軒《ろうごけん》とも号した。美濃《みの》（岐阜県）岩村藩士佐藤信由《のぶよし》（号文永《ぶんえい》）の次男として安永元年（一七七二）十月江戸浜町の藩邸に生まれる。

寛政二年（一七九〇）、十九歳にして藩の士籍に上《のぼ》り近侍となる。この頃から、後に林家《りんけ》（林羅山《らざん》に始まる江戸幕府の儒官の家）の養子となって述斎《じゅつさい》（一七六八―一八四一）と号した岩村藩主松平能登守《のとのかみ》の第三子と共に学び、兄弟の如《ごと》く親しく交わった。二十一歳の時、士籍を脱して大坂に赴き、暦学者の間《はざま》大業（号長涯。一七五六―一八一六）の家に寄寓し、その紹介によって碩儒《せきじゅ》中井竹山《ちくざん》（大坂朱子学派。一七三〇―一八〇四）

に学び、さらに京都に赴いて儒者皆川淇園《きえん》（一七三四―一八〇七）にも会して見聞を広めた。寛政五年（一七九三）、二十二歳にして江戸に帰り、大学頭《だいがくのかみ》林簡順《かんじゅん》（名は信敬、号は錦峰。一七六七―九三）の門に入って、はじめて儒をもって身を立てる。間もなく簡順が歿して、述斎が後継者となり大学頭となるに及んで、改めて師弟の礼を執《と》ったが、旧時の如く共に学に励んだ。寛政十二年（一八〇〇）、二十九歳の時、肥前（長崎県）の平戸《ひらど》侯の招きにより赴いて経書を講じた。文化二年（一八〇五）、三十四歳の時に林家の塾長となり、多くの学生の教育につとめた。

文政九年（一八二六）、五十五歳の時、岩村侯の老臣に列して国事に尽くした。天保十二年（一八四一）、七十歳の時、述斎七十四歳をもって歿したので、抜擢されて昌平黌《しょうへいこう》（江戸幕府の儒学を主とした学校）の儒官となる。その四月には特旨をもって易《えき》を将軍徳川家慶《いえよし》の前で講じた。諸大名が彼を招いて講説を請《こ》うもの数十家に及んだ。彼は大学頭（唐名で祭酒《さいしゅ》という）を助けて外交の文書を作り、幕府の需《もとめ》に応じて時務策を上《たてまつ》るなど、国政上大いに裨益《ひえき》する所があった。安政六年（一八五九）九月二十四日、八十八歳にて昌平黌の官舎で歿し、麻布《あざぶ》六本木の深広寺（墓は存するが、肖像画と自筆の六曲屛風は焼失）に葬られる。

二 『言志四録』とは

一斎の語録は、『言志録』『言志後《こう》録』『言志晩《ばん》録』『言志耋《てつ》録』の四種類に分かれていて、これを『言志四録』と称している。

言志録 二百四十六条。その開巻第一条に「文化癸酉《みずのととり》五月念六日録」とある。すなわち、光格《こうかく》帝（第十一代将軍家斉《いえなり》の時代）の文化十年（一八一三）、一斎四十二歳の五月二十六日に起稿され、以後十有余年間に随時書かれたもので、文政七年に刊行され、「文政癸未《みずのとひつじ》嘉平月」、すなわち、文政六年（一八二三）十二月の日付による福知山の城主源（朽木《くつき》）綱條《つなえだ》侯の跋文《ばつぶん》（あと書きの文）がついている。

言志後録 二百五十五条。その開巻第一条に「文政戊子《つちのえね》重陽録」とあるから、仁孝《にんこう》帝（将軍家斉の時代）の文政十一年（一八二八）、一斎五十七歳の九月九日に起稿され、以後およそ十年間に書かれたもので、次の「晩録」と共に嘉永三年に刊行されている。末尾に学問に志す者の心得を述べた「入学説」が附載されている。

言志晩録 二百九十二条。外に別存四十四条がある。その巻頭に「録起二天保戊《つちのえ》戌孟陬《いぬもうすう》月一、至二嘉永己酉《つちのととり》仲春月一」とある。すなわち、仁孝帝（第十二代将軍家慶の時代）の天保九年（一八三八）、一斎六十七歳の正月（孟陬）に起稿され、孝明《こうめい》帝の嘉永二年（一八四九）、七十八歳の二月（仲春《ちゅうしゅん》）までのおよそ十二年間に書かれたものである。別存四十四条は、林述斎（江戸後期の儒者。一斎より四歳年長。一七六八―一八四二）の逸事・行状および一斎自身の履歴を記したものである。

言志耋録　三百四十条。その巻頭に「余今年齢躋《のぼるも》二八耋《ちつ》一（一耋は十年の意。八十歳。秩・秩に同じ）、耳目未レ至二太衰一、何其幸也。一息之存、学匪レ可レ廃。単記曰二耋《てつ》録一。嘉永辛亥《かのとい》夏五月」とある。すなわち、孝明帝（将軍家慶の時代）の嘉永四年（一八五一）、一斎八十歳の五月に起稿し、嘉永六年（一八五三）に刊行されているので、その間わずか二年足らずで脱稿されている。末尾に「嘉永癸丑《みずのとうし》中秋後一日」、すなわち、嘉永六年陰暦八月十六日の日付による河田興（迪斎）の跋文がついている。巻頭の文によると、彼一斎は八十歳の高齢なるも、聡明にして筆力衰えず、学究の旺盛なることが知られる。因《ちなみ》に『耋録』の耋は耊と同じく「老いる」の意で、老人または七十歳（一説に八十歳）をいう。

以上、一斎の『言志四録』を概説したのであるが、その内容は学問・道徳・修養・

教育・読書・風流韻事、さらに政治・法律・軍事・保健衛生・養生・養老その他、人事百般にわたって多面的に構成されている。『言志四録』は、合《がっ》して千百三十三条あるが、一斎の円熟した後半生のおよそ四十年にわたる随想録である。これほど長い年月を費して書かれた極《きわ》めて大部な語録は、他に見られない。

彼の語録は、随筆風の記述であるが、文章は簡明直截で、人の肺腑《はいふ》を衝《つ》く概《おもむき》があって実に感銘深い。この『言志四録』は漢文体の随筆として不朽の名著にして、我が国における語録中の白眉《はくび》と称すべきである。この『四録』には、修養や処世に資すべき金言名句が随所に現われていて、『菜根譚《さいこんたん》』と同じく、心の時代に最も適切な心の書であり座右の銘といえる。

［著者紹介］

久須本 文雄（くすもと・ぶんゆう） 号 龍渓
明治四十一年三重県菰野町、禅林寺に生まれる。

昭和八年臨済宗大（現花園大）卒、昭和十一年九州帝大中国哲学科卒。

昭和二十年禅林寺住職に就任。

新潟第一師範学校・日本福祉大などの教授を歴任。

平成七年十月十四日死去。

著書に『王陽明の禅的思想研究』『宋代儒学の禅思想研究』『座右版 菜根譚』『座右版 寒山拾得』など。

［編者紹介］
細川 景一（ほそかわ・けいいつ）
昭和十五年愛知県平和村に生まれる。
昭和三十八年駒澤大学仏教学部卒。
昭和四十八年東京都龍雲寺住職に就任。
現在、花園大学学長。
著書に『白馬蘆花に入る』『禅の名著を読む』など。

「言志《げんし》四録《しろく》」心《こころ》の名言集《めいげんしゅう》

二〇〇四年九月 十 日 第一刷発行
二〇一五年八月 三 日 第七刷発行

訳著者 久須本文雄《くすもとぶんゆう》
編者 細川景一《ほそかわけいいつ》

発行者 鈴木 哲
発行所 株式会社講談社
東京都文京区音羽二—一二—二一 郵便番号一一二—八〇〇一
電話 出版 〇三—五三九五—三五二二
販売 〇三—五三九五—四四一五
業務 〇三—五三九五—三六一五
印刷所 豊国印刷株式会社
製本所 黒柳製本株式会社

N.D.C 113 222p 19cm

ISBN4-06-212384-3